融合型·新形态教材
复旦学前云平台 fudanxueqian.com

U0730970

普通高等学校学前教育专业系列教材

幼儿常见问题行为与矫正

主　编　史爱芬

主　审　丁亚红

副主编　许艳玲　苏书巧　李　艳

编　委（按章节顺序排序）

史爱芬　陈　伟　王　涛　高玉倩

隽甜甜　苏书巧　许艳玲　乔丽红

李　洁　李　艳　陈明晖　马瑞敏

复旦大学出版社

内容提要

本书对幼儿成长过程中在生活习惯、社会交往、情绪情感、集体活动、性别角色发展中普遍存在的几十种常见问题行为进行了梳理与分析，并提出了针对性的矫正策略。内容体系包括目标导航、情景导入、基本理论、学练结合、技能训练、推荐阅读等模块，既有利于学习者丰富专业理论知识，又有利于提高教师及家长矫正幼儿常见问题行为的能力。内容全面、时代感强、适用性广、好用实用是本书的特点。

本书是学前教育专业学生不可或缺的学习教材，是幼儿园教师实现专业成长的宝贵学习资料，同时也是幼儿家长更好地了解孩子的参考用书。

为方便师生使用，本书配备了PPT教学课件，可登录复旦学前云平台（www.fudanxueqian.com）查看、获取。

复旦学前云平台
数字化教学支持说明

为提高教学服务水平，促进课程立体化建设，复旦大学出版社学前教育分社建设了"复旦学前云平台"，为师生提供丰富的课程配套资源，可通过"电脑端"和"手机端"查看、获取。

【电脑端】

电脑端资源包括 PPT 课件、电子教案、习题答案、课程大纲、音频、视频等内容。可登录"复旦学前云平台"www.fudanxueqian.com 浏览、下载。

Step 1 登录网站"复旦学前云平台"www.fudanxueqian.com，点击右上角"登录 / 注册"，使用手机号注册。

Step 2 在"搜索"栏输入相关书名，找到该书，点击进入。

Step 3 点击【配套资源】中的"下载"（首次使用需输入教师信息），即可下载。音频、视频内容可通过搜索该书【视听包】在线浏览。

📱 【手机端】

PPT 课件、音视频、阅读材料：用微信扫描书中二维码即可浏览。

📖 【更多相关资源】

更多资源，如专家文章、活动设计案例、绘本阅读、环境创设、图书信息等，可关注"幼师宝"微信公众号，搜索、查阅。

平台技术支持热线：029-68518879。

"幼师宝"微信公众号

前　言

在幼儿园班级管理中,特别是幼儿行为的矫正,对于幼儿园教师而言是比较困难的工作,也是持续性的挑战。尤其是新手教师,面对幼儿的问题行为时更是感到棘手和焦虑。

幼儿常见问题行为在幼儿的成长过程中是普遍存在的,他们并非生来就理解社会规则和社会期望,而是在交往中通过父母、同伴、幼儿园教师的反应以及幼儿对自身行为后果的认知而逐渐习得的。幼儿的问题行为如果在幼年得不到重视,可能会使幼儿发展成为问题儿童。这种倾向如果持续到青少年或成年时期,可能表现出影响其学习、人际交往、婚姻以及影响其下一代成长的严重后果,甚至成为幼儿成年后精神疾病的根源。

幼儿问题行为形成的原因是多方面的,其中家庭是幼儿主要的生活环境,父母是幼儿接触最多的人,诸多研究证明,幼儿在入园前,已经或正在形成某些问题行为。面对幼儿常见问题行为时,部分幼儿园教师和家长由于对幼儿常见问题行为缺乏正确认知,导致他们出现了许多错误做法:如把有常见问题行为的幼儿称作问题儿童;抓住幼儿的问题行为不放,做出有损幼儿人格的批评和惩罚等,导致幼儿心理发展的不良后果。

幼儿具有很强的可塑性,作为一名合格的幼儿园教师要依据《幼儿园教师专业标准(试行)》提高专业能力,积极发挥主导作用,在有效的家园合作中通过对班级中的幼儿群体和个体常见问题行为进行矫正,引导并强化幼儿的积极正面行为,矫正和调整幼儿的问题行为。同时,引导幼儿管理自己的行为,使幼儿朝着健康、快乐的方向发展。

虽然我国学前教育处于快速发展时期,但幼儿常见问题行为矫正研究还很薄弱,现有理论还远远不能有效指导我国当前的学前教育实践活动。要解决各种复杂的实践问题,丰富和发展学前教育类科学,就必须依靠广大学前教育理论和实践工作者开展广泛的科学研究活动,从而丰富学前教育理论,更好地指导教育实践。基于时代发展的需求,编者结合多年从事幼儿园教师教育工作、对幼儿园教师和家长的培训工作以及多次参加幼儿园教师教研活动,在对河北省教育科学"十二五"规划重点课题"城市与农村幼儿园班级管理比较及干预研究"(项目编号:13041901)"、石家庄幼儿师范高等专科学校科研课题"幼儿常见问题行为成因分析及家园合作策略研究"(项目编号:KY201865)的研究基础上,深入幼儿园开展行动研究,与幼儿园园长和教师合作编写出本书。

本书具有以下四个特点:

1. 目标清晰,逻辑严谨

本书将课程目标定位于引领学生专业成长,引导未来的幼教工作者运用所学的理论知识分析幼儿常见问题行为形成的潜在原因并提高矫正幼儿成长过程中的问题行为的能力。每节的基本结构包括行为表述、问题行为的影响、教师与家长常见错误做法、问题行为成因分析、家园合作的目标设定、家园合作中问题行为的矫正。本书逻辑严谨,便于学生构建完整的知识结构,为以后工作奠定坚实基础。

2. 内容新颖全面,时代感强

本书根据当前社会幼儿特点和幼儿家长特点,结合当前学前教育改革的需要,注重引导学生对学前教育发展中的现实问题进行思考。案例来自对幼儿的现场观察或幼儿园一线教师的工作实践积累,内容新颖,具有很强的时代感。

3. 简明规范,讲练结合

为了便于教师的教和学生的学,教材力求简明规范,讲练结合。在每一章的开头都简明扼要地说明了本章的学习目标;每一节在讲解基础知识之后,为帮助学习者进一步巩固复习,都有针对本节的学练结合和技能训练,进一步加深对所学内容的理解。

4. 模拟实践,提前演练

提供实例,模拟实践,锻炼学生理论联系实践的能力,帮助学生在未来参加用人单位、教师资格证考试和人事部门准入面试前提前演练。本书也可作为幼儿园教师、幼儿家长和幼教科研工作者阅读和研究之用。

本书侧重分析的是幼儿在日常生活中表现出来的一些常见问题行为,基于家园合作的视角,分析原因,给出一些比较容易掌握的方法,以解决实际问题。而那些因为生理、病理或问题儿童身上表现出的严重的问题行为,则不属于本教材讨论的内容。

本教材分工如下:由史爱芬担任主编,负责全书架构、策划与统稿,并编写第六章和第一章的部分内容;第一章由史爱芬、陈伟、王涛编写;第二章第一节由高玉倩编写;第二章第二节由隽甜甜编写;第二章第三节和第五章第一节由苏书巧编写;第三章由许艳玲编写;第四章第一节、第四节由乔丽红编写;第四章第二节由李洁编写;第四章第三节由李艳编写;第四章第五节、第六节由陈明晖编写;第五章第二节由马瑞敏编写。本书在编写过程中,参考了相关专著和资料,谨此致谢。同时感谢复旦大学出版社的领导,编辑赵连光同志、查莉同志提出了很多宝贵意见,为本教材的编辑和出版付出了许多心血,在此,对他们的辛勤付出表示忠心感谢!

望广大同行专家和使用本书的每一位读者提出宝贵意见和建议。

史爱芬

2018 年 11 月 16 日

目　录

第一章

幼儿常见问题行为与家园合作概述

　　学前儿童特殊的年龄阶段决定了其发展需要幼儿园教师和幼儿家长两个教育主体密切配合,幼儿园对幼儿家长的指导与服务只有在合作中才能真正促进幼儿发展。但在实际操作中,幼儿园教师和幼儿家长之间往往出现貌合神离的现象,甚至部分幼儿的家庭教育不但没有成为幼儿园教育的延伸和补充,反而在一定程度上抵消了在幼儿园教育中的效果,形成教育内耗,不能真正达到合作的理想状态。尤其是针对幼儿的常见问题行为,需要幼儿园教师充分发挥主体性,在家园合作中对幼儿家长进行专业性指导,共同预防、矫正幼儿的常见问题行为。

第一节　正视幼儿成长过程中的常见问题行为

目标导航

　　1. 理解幼儿常见问题行为的含义。
　　2. 分析幼儿常见问题行为形成的原因。
　　3. 重视幼儿常见问题行为的影响。
　　4. 树立正确看待幼儿成长过程中的常见问题行为的观念。

情景 导入

　　刚毕业的小王老师应聘到本市小太阳幼儿园中班做配班教师。幼儿园开学的第一天,小王老师观察到明明喜欢攻击其他幼儿,巧巧吃饭的时候总是含在嘴里不下咽,薇薇动不动就哭,壮壮对女孩子的花裙子很感兴趣。小王老师感觉到作为一名幼儿园教师,不仅要备课、组织活动,也要关注幼儿的一些行为并进行帮助、引导。

基本 理论

一、幼儿常见问题行为含义

　　问题行为,有时也称作行为问题,关于它的界定,目前还不统一。

有人认为问题行为是儿童发展过程中的一种常见现象,主要表现为攻击反抗、违纪越轨、焦虑抑郁、孤僻退缩及各种身体不适应等(吕勤,2002);也有人认为问题行为是指在严重程度和持续时间上都超过了相应年龄所允许的正常范围的异常行为(王秀珍,2006);还有人认为问题行为是儿童偏离常态标准的异常、不恰当行为(陈辉,2015)。西南大学网教课程则认为儿童问题行为是幼儿在发展过程中,由于生理机能失调、环境适应不良或心理冲突等因素导致的行为表现不适应,即幼儿成长中表现出问题行为,或叫行为问题。

本书将幼儿问题行为定义为:幼儿成长过程中由于生理发育状况、自身气质、心理冲突及家庭、幼儿园或社会等因素导致的不恰当或异常行为。

幼儿常见问题行为是相对于极少数幼儿或被称作"问题儿童"的幼儿身上表现出的严重问题行为提出的。问题儿童多是由于其常见问题行为得不到有效矫正演变而来的,本书中的"问题行为"指向所有幼儿,关注点是他们身上或多或少都会表现出来的、在教师和家长充分开展合作的基础上能够予以矫正的偏差行为,称作常见问题行为。幼儿园教师和家长对幼儿成长中的问题行为应给予充分、正确的认识,把问题堵在源头,防止其发展成为严重的问题行为或导致幼儿成为问题儿童。

二、 幼儿常见问题行为形成的原因

儿童作为独立的个体,有着自己应对周围事物的独特方式。任何一名幼儿,无论是在学前教育机构还是家庭中,都会表现出各种各样的行为。幼儿表现出的行为中,有些是适宜的;有些是不适宜的,或称作问题行为,需要教师和家长帮助引导以学会适宜的行为。

幼儿产生问题行为的原因十分复杂,是多种因素相互作用的结果。为了更加清晰地认识,在这里将逐项分析,学习者在以后的工作实践中也可根据幼儿的实际情况综合分析。

(一) 幼儿自身的因素

幼儿自身因素可以分为生理发育状况和气质特点两方面。

母亲妊娠时的健康状况、围产期安全、新生儿缺氧、遗传、脑损伤、婴幼儿时期的中枢神经系统感染、婴幼儿时期的过敏问题、营养不良问题,以及前庭功能协调障碍和伴有神经发育迟缓导致的感觉统合失调,都是影响幼儿生理发育的重要因素。

多项研究成果都表明,幼儿气质类型对幼儿行为有一定影响。气质类型无好坏之分,任何类型的气质都有积极的一面,也有消极的一面。每一种气质都可能向某种积极或消极的方面发展。如胆汁质的孩子,热情好动、生气勃勃,但容易粗暴、发脾气。黏液质的孩子安静稳重,但可能反应慢。对于孩子的气质类型,家长应予以重视尊重,有针对性地进行教育引导,以更好地塑造孩子。

(二) 家庭因素

家庭因素包括家庭氛围、父母的教养态度和方式、家庭变故。

家庭氛围是指家庭成员的精神、心理情绪状态和环境气氛,是一种潜在的教育因素。幼儿的家庭环境条件、家庭成员间的关系、语言、行为和感情等都对幼儿产生潜移默化的影响。夫妻间的和睦是成功教育儿童的首要条件,夫妻间切忌在幼儿面前争吵甚至出现暴力行为,更有甚者吵架时都要拉孩子站在自己一边,父母的不当行为可能导致孩子变得脾气暴躁,讨厌父母,为问题行为的产生埋下隐患。值得一提的是,幼儿的母亲是家庭的重要成员,也是创造家庭情感氛围的核心。结婚和生子对于一个成年人来说是重生,是第二次生命的开始,幼儿的父亲,要尊重妻子,不能把封建思想带进小家庭约束妻子,要呵护幼儿的母亲,为幼儿健康成长创造良好的家庭氛围。

父母的教养态度和方式。父母在孩子婴幼儿时期要尽可能每天抽出一定时间陪伴孩子,多与孩子一起游戏、吃饭和聊天,建立婴幼儿的安全依恋。研究证明,儿童的问题行为与他们在婴幼儿时期没有形成安全型依恋有很大关系。而且,幼儿作为家庭的一员,家庭成员讨论事情时要允许幼儿参与并鼓励他们提出自己的看法,父母对幼儿的看法做出适当的反应,让幼儿感到自己真的受到了尊重和理解。父母经常和幼儿讨论问题,不仅有助于了解彼此的想法和需要,有利于沟通和培养感情,也有利于锻炼幼儿的思维和判断是非的能力。在幼儿成长过程中,发现幼儿的困难和需要,父母应及时给予帮助。

家庭变故。当幼儿熟悉的日常生活发生改变,而且他们不能完全理解这些改变时,幼儿也可能会表现出一些问题行为。如母亲或父亲因出差离开孩子,看护孩子的老人生病住院或去世,父母离婚,家庭出现重大经济困难,小弟弟或小妹妹出生了,等等。这就要求家长尽可能与孩子进行坦诚交流,让幼儿及时了解家里的情况,并请幼儿园教师予以配合。

总之,家庭在幼儿社会化过程中起着关键作用。这就要求幼儿的父母不仅在家庭中时时处处注意减少幼儿发生问题行为的因素,同时要充分与幼儿园教师合作,在教师指导下,在家园合作中帮助引导孩子。对幼儿的常见问题行为,幼儿父母不能讳疾忌医或包庇护短,也不能抓住幼儿的问题行为不放,做出有损幼儿人格的批评和惩罚等,导致幼儿心理发展的不良后果,甚至导致幼儿成为问题儿童。

(三) 幼儿园因素

在幼儿园,对幼儿常见问题行为影响较大的主要有师幼关系、同伴关系和家园关系。

师幼关系是幼儿园教育过程中最基本、最重要的人际关系,师幼关系对幼儿认知、情感、心理健康等方面的发展有着重要影响。教师对幼儿不恰当的批评、提问等都能引起或加剧幼儿焦虑或恐惧,教师对孩子的漠视或过度反应也会加剧幼儿的问题行为。有学者在调查中发现不少私立幼儿园师幼关系令人担忧,幼儿的主体地位没有得到足够重视,教师经常用命令口吻对幼儿说话,一旦幼儿不服从,便抱怨幼儿不听话,甚至会处罚,忽视幼儿的情感发展、社会性发展及良好个性品质的培养,这明显违背尊重幼儿、遵循幼儿身心发展规律的原则。

同伴关系是幼儿人际关系的重要组成部分,在幼儿社会化和身心全面发展过程中起着成人无法替代的作用。良好的同伴关系有助于幼儿形成自尊、自信、活泼开朗的性格,有利于促进其社会化及心智的发展,而同伴交往困难将影响幼儿以后的社会适应或加重幼儿的问题行为产生。当前幼儿与同伴交往中存在的突出问题是幼儿以自我为中心,固执己见,很少关心他人,不能与他人和睦相处。有的幼儿在同伴交往中则表现得较孤僻、任性,不愿意参加集体活动,不愿意和同伴一起游戏。这就需要家庭及托幼机构共同努力,引导幼儿形成良好的同伴关系。

家庭和幼儿园的有效配合是预防与矫正幼儿常见问题行为发生的关键因素。调查发现,幼儿园教师在与幼儿父母进行幼儿常见问题行为的沟通时往往不愉快:教师对幼儿的常见问题行为不仅归结于父母的教育问题,也表现出对有常见问题行为幼儿的消极评价;而家长又会担心教师不喜欢自己的孩子,致使家长对教师产生不信任或敌对情绪,破坏了家庭与托幼机构的有效配合。

作为一名合格的幼儿园教师要充分尊重、爱护幼儿,依据《幼儿园教师专业标准(试行)》提高专业能力,正视幼儿行为发展问题,积极发挥主导作用,在有效的家园合作中对幼儿群体和个体实施管理和教育。教师要注重引导并强化幼儿的积极正面行为,矫正和调整幼儿的问题行为,同时帮助引导幼儿管理自己的行为,从而实现对幼儿群体的高效管理,使幼儿朝着健康、快乐的方向发展。

三、 树立正视幼儿成长过程中出现问题行为的观念

　　幼儿常见问题行为对其影响是深远的。幼儿常见问题行为如果在幼年得不到重视,可能会使幼儿发展成为问题儿童。这种倾向如果持续到青少年或成年时期,可能表现出影响其学习、人际交往、婚恋甚至影响其下一代成长的严重后果,也可能成为幼儿成年后产生精神疾病的根源。

　　对于幼儿常见问题行为,幼儿园教师和幼儿家长既要重视,也不要将其视如洪水猛兽,在尊重幼儿成长规律的前提下正视这些行为。

　　幼儿常见问题行为形成的原因是多方面的,其中幼儿家庭是幼儿主要的生活环境,父母是幼儿接触最多的人,也是对幼儿影响最大的人。诸多研究证明,幼儿在入园前,已经或正在形成某些问题行为。所以,改变幼儿要首先改变家长,以避免"5+2=0"的教育效果相互抵消现象,也可以说不改变家长的幼儿教育是事倍功半或无效的,甚至对幼儿来说是场灾难。幼儿园教师的专业认知和开展家园合作的能力,是矫正和管理幼儿常见问题行为的保障。

　　在这里需要说明的是,针对幼儿常见问题行为,本书主要从家园合作的视角,倡导幼儿园教师充分发挥主导作用,积极开展家园合作,同时需要对幼儿家庭教育进行一定指导,探寻有效策略。

学练 结合

一、 名词解释

　　问题行为　常见问题行为　家庭氛围

二、 简答

　　1. 形成幼儿常见问题行为的原因有哪些?
　　2. 幼儿时期的常见问题行为如果不能及时矫正,对幼儿成年后有哪些影响?

三、 材料分析

　　中二班的郑博源小朋友令老师很头疼:每天一来园,他不停地从这个活动区跑到那个活动区,并不时地故意弄倒椅子或故意推撞别人,或抢走别人手中的玩具,使活动秩序大乱。在语言活动中,全班小朋友在念儿歌时,郑博源小朋友忽然提高声调,发出怪声,立刻有四五名幼儿参与到这场"新游戏"中,活动室里顿时乱成了一团。

　　主班的许老师觉得自己真倒霉,班里怎么有这么个孩子。时间一长,许老师认为郑博源小朋友就是个问题儿童,需要休学,并通知家长带孩子去看心理医生。

　　请你谈谈对许老师做法的看法。

技能 训练

项目一

设计一份针对幼儿家长对幼儿常见问题行为认知程度的调查问卷。

项目二

设计一份针对幼儿园教师对幼儿常见问题行为重视程度的调查问卷。

推荐 阅读

［1］胡敏,静进.学龄前儿童行为问题影响因素研究进展［J］.中国学校卫生,2011(4)：509—512.

［2］［美］Eva Essa.幼儿问题行为的识别与应对［M］.王艳玲,张凤,刘昊译.北京：中国轻工业出版社,2012.

第二节　家园合作与幼儿常见问题行为矫正策略

目标导航

1. 认识到开展家园合作是幼儿园教师必备的能力。
2. 了解幼儿园教师在家园合作中存在的主要问题。
3. 掌握幼儿常见问题行为的矫正策略。

情景 导入

　　田老师所在幼儿园4岁的腾腾小朋友从小由爷爷奶奶带大,爸爸妈妈工作很忙,经常出差。腾腾性格开朗,语言表达能力强,喜欢参加班里的所有活动。他想象力丰富,常常玩一些假装游戏和角色游戏,也喜欢在游戏中把自己当成领导者,指挥其他儿童的行为和分配角色。当其他儿童不听腾腾指挥时,他便会动手打人。一般腾腾打了一个小朋友后就会大步跑开,一边跑一边喊"没有人喜欢我,没有人听我话"。这时教师通常会叫住腾腾,并告诉他伤害其他小朋友是不对的。之后,教师就不再理会他以示惩罚。直到腾腾停止大叫并同意向被打的小朋友道歉,教师才再次给他说话,并告诉他小朋友喜欢他,只是不喜欢他打人。但是,腾腾不打人的状况只能维持一小段时间,一旦教师离开,腾腾就重申他的"领导"地位,有小朋友不听指挥时,他又会出现打人行为。

　　田老师希望与家长做沟通后再想办法,可"孩子是人家的好",田老师很困惑：该怎么与家长进行沟通呢？

基本 理论

一、 开展家园合作是幼儿园教师必备的能力

《幼儿园教育指导纲要(试行)》指出:"家庭是幼儿园重要的合作伙伴。应本着尊重、平等、合作的原则,争取家长的理解、支持和主动参与,并积极支持、帮助家长提高教育能力。"幼儿园教师提高家园合作能力主要从以下三方面着手。

(一) 树立家园合作意识

在基础教育阶段,幼儿园与家长的合作是最为密切的,这不仅与幼儿的年龄阶段相关,更是由人的成长规律决定的。家庭是幼儿的起始学校,家长是幼儿的第一任教师,家庭对幼儿发展所起的作用是其他任何因素都不可比拟的。因此,在面对幼儿常见问题行为时,幼儿园的保教工作须得到家长的认可、支持与配合,才会取得良好的效果。《幼儿园工作规程》指出:幼儿园应当主动与幼儿家庭沟通合作,为家长提供科学育儿宣传指导,帮助家长创设良好的家庭教育环境,共同担负教育幼儿的任务。家园合作有利于促进幼儿发展,也有利于对家长资源的充分利用。在家园合作中,幼儿园要充分发挥主导作用,使幼儿园与家长在教育思想、原则、方法等方面取得统一认识,家园双方配合一致,形成教育合力,促进幼儿的健康和谐发展。

(二) 积累专业知识和提高专业能力

当前,我国幼儿园教师队伍的专业素养明显落后于《幼儿园教师专业标准(试行)》的要求,这不仅影响到家园合作的效果,也成为制约我国幼儿教育事业发展的瓶颈之一。幼儿园教师专业素养的提升既需要社会支持,也需要幼儿教师的自主发展。在矫正与管理幼儿常见问题行为的过程中,幼儿园教师要制定专业发展规划、积累专业知识、提高专业能力、反思专业实践、加强同行间的交流,在此基础上充分与家长合作,使家长信服、配合,家园共育才有更好的效果。

(三) 提高与家长的沟通能力

幼儿园教师仅仅有家园合作意识和专业知识还远远不够,在家园合作中,沟通是前提。幼儿园教师与家长的沟通是不可回避的内容,沟通能力是幼儿园教师的一项基本功,也是家园共育的重要基础。很多幼儿园教师虽然掌握了系统的专业知识和技能,却不谙人际沟通的基本规律和方法。尤其在与家长沟通幼儿常见问题行为时,不少年轻的幼儿园教师产生担心家长不理解、不接受的畏难情绪,或出现沟通不到位的情况。如果教师不注意沟通技巧,与家长一谈就出现不愉快,会严重影响家园共育的效果,无益于问题的解决,也不利于幼儿的健康发展。

二、 幼儿园教师在家园合作中存在的主要问题

(一) 教师以专业教育工作者自居,甚至鄙视家长

在家园合作中,有些教师往往以专业教育工作者自居,瞧不起家长,以命令式、指令式的工作方式使家长们处于类似学生完成作业的状况。尤其在面对幼儿常见问题行为时,有些教师出现鄙视家长的现象,使得家长不理解、配合得不尽如人意或与教师发生争执,教师甚至会迁怒于孩子。《3~6岁儿童学习

与发展指南》指出,"通过提出 3～6 岁各年龄段儿童学习与发展目标和相应的教育建议,帮助幼儿园教师和家长了解 3～6 岁幼儿学习与发展的基本规律和特点,建立对幼儿发展的合理期望,实施科学的保育和教育,让幼儿度过快乐而有意义的童年"。由此可见,家庭是幼儿教育过程中必不可少的一部分,家长是幼儿园的合作者,教师与家长相互沟通有利于教师更了解幼儿,在家园合作中共同促进幼儿的学习与发展。

(二)教师反映问题多,针对性、可操作性建议少

在幼儿出现常见问题行为时,不少教师往往表现出急躁的情绪,把问题抛给家长,像告状一样述说幼儿存在的问题。可想而知,如果教师这样做,幼儿和家长都不会有改变,说明教师的指导方法有待改善。教师作为专业的教育工作者,在与家长谈幼儿问题行为时,不仅要说清问题,更应该针对不同幼儿的个性特点,有针对性地提出可操作性的建议,让家长听得清、做得到。

(三)家园合作以幼儿园为中心,忽略了家庭教育指导

家园合作不仅仅是家长配合幼儿园教育,也要求教师关注幼儿的家庭教育,对家长进行家庭教育指导,才能真正发挥家园共育合力,促进幼儿健康成长。但在实际工作中,教师往往以幼儿园为中心,孩子离园就与幼儿园无关了。家园合作往往变成了教育家长,配合变成了支配,一些来自家庭方面的反馈信息没有得到足够的重视。家园合作中,教师要充分发挥主导作用,不仅要以幼儿园为阵地,还要重视幼儿的家庭教育指导,使家长树立主人翁意识和责任感,并在平等、互助的原则下真诚合作,共同承担起培养下一代的重任。

三、 幼儿常见问题行为应对策略

(一)强化策略

强化,是在孩子出现目标行为后设置某个刺激,这个刺激会提高目标行为的发生概率。强化一般分为正强化、负强化和惩罚。

I. 正强化

正强化法也称阳性强化法或积极强化法,是指当某一操作性行为在某种情境或刺激下出现后,即得到一种正强化物,如果这种正强化物能够满足行为者的需要,则以后在那个情景或刺激下,这一特定的操作性行为的出现概率会升高。在面对幼儿常见问题行为时,最重要也是最应该优先考虑的就是正强化法。

正强化法可分为语言强化和非语言强化。使用语言强化的时候,内容要具体,语气要真诚。非语言强化可有多种形式,如拥抱、微笑、眼神交流等。

2. 负强化

负强化法是指幼儿出现目标行为之后,通过免除某样幼儿不喜欢的待遇或厌恶刺激(或称负强化物),则使幼儿以后在同样情景下目标行为的出现率提高。在使用负强化法的时候要正确选择负强化物。

3. 惩罚

惩罚法是指幼儿在一定情景或刺激下产生某一不良行为后,及时使之承受厌恶刺激(又称惩罚物)或损失正在享用的正强化物。惩罚法的使用要慎重,单一使用惩罚法具有局限性,大多数情况要与其他强化法结合运用。正式实施惩罚程序时要做到以下三点:

(1) 惩罚必须及时;

(2) 施行惩罚时必须保持平静;

(3) 惩罚应和替代行为的强化相结合。

（二）自身承担后果策略

当儿童在行为上发生过失或犯了错误时，成人不给他们过多的批评，而是让儿童自己承受行为过失或者错误直接造成的后果。使他们在承受后果的同时感受到不愉快甚至是痛苦的心理惩罚，从而引起他们的自我悔恨，自觉弥补过失，纠正错误。

（三）代币法策略

代币法是行为疗法中运用最广泛的方法之一，也称表征性奖励制。是在儿童出现目标行为时，立即给予一种代币或"标记"加以强化，然后再将累积的一定数量的代币或"标记"用来换取其他奖赏的方法。

面对幼儿常见问题行为时，要注意代币法的正确程序：

（1）明确目标行为；

（2）选择合适的代币，并告知当事人；

（3）选定支持强化物；

（4）确定要奖励的行为和支持强化物的兑换比例及方式；

（5）规定用代币交换强化物的时间、地点、方式；

（6）认真执行奖励要求和交换规定；

（7）把代币制泛化到自然环境中去。

（四）讨论策略

在面对中班、大班幼儿常见问题行为时，教师可以考虑使用讨论策略，即成人以幼儿同伴的身份与幼儿讨论那些问题行为，与幼儿一起分析原因，并提供适时的帮助。该策略突出幼儿的主体性地位，教师处于辅助地位，教师的主要任务是在讨论中提供思路，由幼儿自己建构解决方案，有利于幼儿自己思考解决方法。

（五）忽视策略

忽视策略对于想引起教师或家长注意而故意做出问题行为的幼儿是非常有效的。有些幼儿会表现出问题行为之后四处张望，很明显，他渴望获得别人的关注。在使用忽视策略时仅仅忽略是不够的，教师要适时使用强化适宜行为的策略代替这种策略。

除以上几种策略外，移情策略和游戏也是适用于幼儿阶段问题行为的矫正。

无论教师在运用哪一种策略时，都要求事先与家长做好沟通，以免引起家长误会，激发矛盾。教师也要指导家长在家庭中应适当运用一些策略，教师与家长相互配合，形成合力，共同矫正和管理幼儿的常见问题行为。

需要说明的是：每一名幼儿都是独一无二的，针对幼儿的常见问题行为，没有哪一种策略是万能的，也没有哪一种策略是立竿见影的；孩子就是孩子，教师和家长要给予孩子成长的时间和空间。

学练 结合

一、名词解释

强化策略　代币法策略

二、简答

1. 开展家园合作,幼儿园教师必备的能力有哪些?
2. 幼儿园教师在家园合作中存在哪些问题?

三、材料分析

默默小朋友每天早上喜欢赖床不起,经常上幼儿园迟到。奶奶怕默默到幼儿园没饭吃,经常在送他上幼儿园的路上给他带上面包和牛奶。到了幼儿园,奶奶担心老师批评自己的孙子,又会对老师说怨自己起床晚了耽误送孩子了,或是说自己下楼时忘了拿电车钥匙耽误了时间等各种自己有责任的理由。

如果你是默默的老师,你怎样与默默的奶奶沟通?在家园合作中应采用哪种策略进行管理?

技能训练

项目一
设计一份家访的访谈提纲,收集幼儿在家庭中表现出来的常见问题行为。
项目二
拟定一份动员中班幼儿家长关注幼儿常见问题行为的家长会方案。

推荐阅读

[1] 张燕.幼儿园管理[M].北京:人民教育出版社,2008.
[2] 晏红.幼儿园教师与家长沟通之道[M].北京:中国轻工业出版社,2014.

第二章

生活习惯中的常见问题行为

第一节 不良进餐行为

目标导航

1. 分析幼儿进餐过程中不良习惯形成的原因。
2. 重视幼儿进餐过程中不良行为的影响。
3. 正确进行并规范幼儿进餐常规的目标设定。
4. 理解并掌握在家园合作中幼儿不良进餐行为矫正与管理的策略。

情景 导入

小班的右右是一个活泼开朗又帅气的小男孩,很招大家的喜爱。可每到吃饭的时候他的脸上就会沾很多的饭渍,身上、桌子上还会掉很多饭粒。孩子的妈妈很苦恼,对右右说过,也教育过,但效果甚微。妈妈为了让右右的衣服能保持一天的干净整洁,甚至在他吃饭的时候就在旁边看着,掉一点收拾一点。

基本 理论

一、 幼儿进餐中存在的问题

在幼儿生活中,进餐是一件重要的事情。3~6岁的幼儿处于生长发育的关键期,对食物中蛋白质、脂肪、碳水化合物、无机盐、维生素和水6大类营养素的摄入必不可少。在保证幼儿健康成长的前提下,除了正确的饮食习惯外,进餐常规习惯也显得尤为重要。

调查发现,在幼儿进餐时普遍存在一些问题。

小班(3~4岁)幼儿:(1)挑食,指幼儿进餐时,表现出来拒绝吃多种食物,爱吃的吃很多,不爱吃的拒绝进食或吃很少;(2)"一把抓"勺子;(3)手、嘴、身体姿势不协调,拧着进餐;(4)用勺子进餐时存在撒、掉身上和桌上的情况;(5)不能及时调整正确的吃饭姿势,椅子离餐桌很远,撅着屁股吃饭;(6)吃饭慢,东张西望,不够专注;(7)每次往嘴里送一小口,吃饭时间很长。

中班(4～5岁)幼儿:(1)干粮掰着玩儿,玩完再吃;(2)爱吃干粮,不爱喝汤、粥类;(3)吃饭慢,东张西望,不够专注,跟旁边幼儿聊天;(4)挑食,爱吃的吃很多,不爱吃的吃很少或者不吃等现象。

大班(5～6岁)幼儿:(1)挑食,爱吃的吃很多,不爱吃的吃很少或者不吃;(2)吃饭很慢,东张西望,不够专注,跟旁边幼儿说话等现象。可见,不同年龄阶段在进餐中都或多或少存在问题。

二、 进餐问题与年龄段的关系及成因分析

通关观察,不同年龄段幼儿存在的问题也不尽相同。小班3～4岁幼儿多以进餐技巧方面掌握不够;4～5岁幼儿则在进餐专注力不集中,容易受干扰因素影响;5～6岁幼儿则明显出现对事物的选择、喜好上。喜欢的大量吃,不喜欢的不吃或少吃。

(一)3～4岁年龄段幼儿

幼儿是每个家庭的中心,家庭模式基本都是"六对一"的形式,所以更多的家庭是家长一手包办,包括吃饭。据调查,27%的家长在孩子具有独立进食能力时仍在进行喂食。而更多的家长看到幼儿自己吃饭时,把饭弄得脸上、手上、桌子上到处都是,甚至一边吃一边玩,这种情况下总认为孩子小,什么事都干不了,所以就不让他们自己吃,剥夺幼儿学习的机会,赶紧喂完了事。因此,使幼儿养成有问题不会自己解决,从而过度依赖大人、饭来张口等不良习惯。进而导致幼儿在入园进餐时出现以上问题,甚或由于生活习惯的困难从而加重入园焦虑!这些问题大多都是喂食带来的后果,是怕孩子们弄满世界饭菜的家长们剥夺了幼儿成长锻炼的机会。

在此情况下,幼儿带着进餐的困难进入幼儿园,要面临环境的变化,自己生活作息习惯的变化,更有没人喂饭的变化,各种各样的进餐问题也就开始凸显了。而进餐是一个手、眼、嘴、身体需要高度配合,全身协调合作完成的过程。首先身体保证坐直,上身适当前倾,眼睛要锁定想吃的东西,接着手要精准地找到这个东西后再挖出来放到嘴里,另外一只手需要控制碗不乱动。这是一套连贯的精细动作,要充分调动手部小肌肉群的锻炼、合作以及灵活性。同时,进餐也是一个必不可少的熟能生巧的生活技能。而家长在幼儿表现出渴望自己完成这个动作时剥夺了这个机会,剥夺孩子成长、学习的机会,从而导致小班幼儿不能合理掌握用餐技巧,不能准确地把饭送到嘴里,因进餐坐姿扭曲而出现掉饭、撒饭的情况。

(二)4～5岁年龄段幼儿

这个年龄段的幼儿经过一年小班的练习已基本掌握用餐技巧,但在专注力上开始出现分心、易受他人影响的情况。这个年龄段的幼儿对新奇事物充满好奇心,充满创造力,充满挑战力。据观察,幼儿对一餐饭里的馒头都能创想出各种天马行空的故事内容,甚至还会问老师,让老师同意他的想法。这些行为都会导致进餐时间拉长,进餐专注力不够等情况。经过跟家长沟通了解,发现出现诸如以上问题的幼儿在家进餐时有边吃饭边看电视的情况,还有吃一半去干别的事情的情况,诸如此类的问题都是导致幼儿进餐不够专注的根源所在。

(三)5～6岁年龄段幼儿

大班幼儿开始学习使用筷子,前期幼儿会出现类似于小班幼儿诸如掉饭、身体不协调等问题,这些

都是正常现象,要给予幼儿更多的时间去学习、练习使用筷子的技巧。另外,这个年龄段幼儿已经很有自己的想法,对食物的喜好表现得尤为明显。大班幼儿对于不喜欢的食物选择不吃或者是少吃,这需要老师或家长多普及营养的合理性及均衡性等方面的知识。同时,教师和家长多以鼓励的方式让幼儿去大胆尝试不同食物。

三、 教师和家长面对幼儿不良进餐行为的常见做法

良好进餐习惯的养成是生活自理的基本能力,同时也是促进幼儿身心和谐健康发展的重要保障,但由于它的日常性易导致家长的忽视。当幼儿出现不良进餐行为时,一些家长和幼儿园教师的行为是不妥当的。

(一)家长的错误做法

不少幼儿家长往往认识不到幼儿不能独立进餐的问题,一贯地喂饭,甚至是追着喂。还有些家长没有注意到幼儿饮食无规律,幼儿的进餐时间跟随大人,没有固定时间,导致没有饥饿感,对饭菜不感兴趣,用零食或快餐等食品代替,又或是孩子想吃什么则做什么,完全不考虑饮食搭配,家长挑食也无形中影响到孩子。再有,幼儿出现进餐不良习惯时家长认为孩子还小,过于迁就,认为长大就好了,就不会掉饭了。另外,家长身上或多或少的存在不正确的饮食习惯,不能言传身教给幼儿树立好的榜样。这些情况都会造成幼儿不会自己吃饭、挑食、厌食等情况,同时幼儿的体质还会虚弱、抵抗力差,容易生病或是过度肥胖,严重影响孩子的生长发育。

(二)教师的不当做法

有些教师对存在不良饮食习惯的幼儿进行训斥,并不能客观、有效地告知幼儿怎样做才是正确的,对幼儿不能尽到教师应尽的责任。还有一些教师对进餐技巧掌握不好的幼儿选择忽视,没有做到家园共育,对于幼儿在幼儿园的情况不跟家长沟通联系等。

四、 家园合作视角下对幼儿进餐习惯养成的目标设定

幼儿园教师和家长要目标统一:第一,学习并坚持做到进餐的正确姿势;第二,在遇到自己不爱吃的食物时能克制抵触心理,并安静进餐;第三,增强幼儿体质,逐渐形成身体和心理都健康成长的、拥有健康体质的下一代。

五、 家园合作中幼儿不良饮食习惯行为的矫正与管理策略

为了防止幼儿撒饭、掉饭以及偏食、挑食现象的发生,家长和老师要帮助幼儿纠正不良的饮食习惯。那么,怎样才能帮助幼儿建立健康、正确的进餐行为习惯呢?

(一)家长方面

每个家庭应该在幼儿还未入园并表现出强烈的想独立进餐意愿时,就开始培养幼儿独立进餐的能力,同时创设适合幼儿学习的环境。首先在餐品上,尽量做到荤素搭配,三餐不同花样,菜品对幼儿来说有吸引力。在餐食的质量上,家长可以把平常孩子不喜欢吃的东西变成不同的形状,让幼儿有食欲。其

次在餐具上,准备合适的勺、碗、桌椅等,大小、高矮要做到适合幼儿年龄特点,同时让幼儿有一种正式的仪式感,知道这是我必须要完成的事情,吃饭不能三心二意。另外,家长要以身作则,示范正确的拿握餐具的方法及坐姿。不在吃饭的时间干其他诸如看手机、看电视等分散注意力的事情,专心进餐。更重要的一点是家长不能表现出对某种食物的厌恶,以免让幼儿受到潜移默化的影响,从而形成挑食的习惯。除此之外,家长还可在平时创设锻炼手部准确性、控制力与灵活性的小游戏:如用勺子分不同的豆子,或者用勺子分颗粒装的物品等。对于孩子在学习期的表现不管做得好与坏,我们要把心态放平,不能急于求成,给幼儿足够的练习时间。两三岁的幼儿已经完全能有效沟通,进餐后可以简短地谈谈出现的问题,应该怎样解决。在纠正和督促的时候首先要家园同步,家长主动与教师沟通幼儿园是怎样要求幼儿进餐的,是怎样的坐姿及拿勺的方法,在家也要使用同样的方法。

(二)教师方面

进餐是在轻松愉快的环境中进行的,在吃饭时候教师要正面引导幼儿,告诉他们如何做是正确的,不能命令,语气太强硬会使幼儿有负担甚至使吃进去的餐食消化不良,会使幼儿更加排斥吃自己不爱吃的东西,所以教师在规范进餐常规时可使用如下四种方法。(1)示范法。怎样坐才是正确的?身体坐正,屁股坐椅子的三分之二的位置,双脚放于桌子下面微开,双手放于桌上,右手拿勺子的三分之一处,左手扶碗,勺子向嘴里送餐时低头接着饭碗。示范完正确的姿势后在幼儿进餐时要巡视进餐情况,及时提醒、纠正姿势不正确的幼儿。(2)循序渐进法。对于孩子不爱吃的东西,例如虾仁,告诉他虾仁的营养很丰富,不喜欢这个味道的话可以只吃碗里的一个虾仁,其他的先不吃。孩子通过尝试,从一个少量的开始,再到正常量的进食,给幼儿一个适应过程,有一个循序渐进的时间。(3)鼓励法。幼儿虽然年龄小,可也有很强的荣誉感,教师对于孩子的进步要及时表扬鼓励,也可以当着家长的面表扬,在轻松的荣誉感中会越做越好。时间长了,幼儿就会慢慢纠正不良的进餐习惯。(4)二者选一。对于那些不吃这个也不吃那个的孩子可以让他二者选一进餐,两种食物先吃一样,另外一样下次再吃,教师这样张弛有度,有让步也有要求,慢慢通过必须尝试的方式来纠正幼儿偏食和挑食的问题。

需要强调的是:为了更好地促进幼儿在园进餐,教师要组织好幼儿的饮水问题,饮水时应要求幼儿喝够一定的量,不能因为担心幼儿小便多或尿裤子而减少饮水量导致孩子上火,影响进餐。

(三)家园合作

有效利用家庭教育资源,争取家长配合,家园一致,让家长及时了解幼儿在园进餐情况及需注意的问题,让家长知道扭曲坐姿、挑食等对幼儿生长发育带来的严重后果,以引起家长的重视。促使家长在家庭建立同样的饮食习惯要求,同时还可以与个别进餐习惯差的幼儿家长交流寻找原因、取得共识,寻找解决方法。例如,建议家长在家中要让幼儿自己吃饭,可与幼儿商量一个进餐的时间,在这个时间点内爸爸妈妈和宝宝都要注意正确的进餐要求:自己进餐,要坐正、右手拿勺、左手扶碗、不挑食,并且独立吃完后才可以离开餐桌。在家庭进餐中,幼儿不想吃时可以少吃一点,但中途尽量不要提供零食。幼儿要知道取舍,知道这顿不吃只能等下一顿才能吃饭,更不能迁就孩子不喂不吃的坏习惯,这样会造成饥饱不匀,对孩子的生活自理能力和良好的个性都有影响。

我国教育家陈鹤琴先生说过一句话:"习惯养得好,终生受其益,习惯养不好,终生受其累。"从这句话中我们不难发现,好的习惯必须从小抓起,始终如一,持之以恒,日复一日地进行训练。可见,养成良好进餐习惯既要按一定的要求去做,还要长期坚持,不能间断,只有坚持不懈的努力才能使良好习惯逐步养成。只要家长和老师始终坚持统一,幼儿良好的进餐习惯就能很快养成。

学练 结合

一、 名词解释

挑食

二、 简答

1. 幼儿进餐过程中不良习惯形成的原因有哪些?
2. 幼儿进餐过程中不良行为会给幼儿带来哪些影响?

三、 材料分析

小宇小朋友的爸爸妈妈为了让小宇爱上吃饭,在用餐时给孩子播放一些轻音乐,让孩子保持愉快的心情进行用餐。小宇不挑食,在爸爸妈妈鼓励下认真进餐,身体长得又高又壮。

小宇父母的做法有哪些值得学习的地方?

技能 训练

项目一
设计一份针对提高幼儿使用餐具能力的亲子活动方案。

项目二
针对隔代抚养中幼儿进餐时祖辈追着喂饭的问题,组织一次面向幼儿祖辈的讲座。

推荐 阅读

[1] 宋丹.3 岁幼儿三种问题行为的个案研究[D].辽宁师范大学,2015.
[2] 赵丹阳.幼儿不良饮食习惯背后的思考[J].社科学论,2014:151—152.

第二节 不良睡眠行为

目标导航

1. 分析幼儿不良睡眠行为形成的原因。
2. 重视幼儿午睡的影响。
3. 正确进行幼儿午睡目标的设定。
4. 理解并掌握在家园合作中幼儿午睡的矫正与管理策略。

情景 导入

中班的天天小朋友是一个聪明伶俐、懂礼貌的小男孩,深得老师和小朋友们的喜欢。但是一到午睡时间,就开始以各种理由不上床,一会儿入厕、一会儿口渴,磨蹭了好长时间终于上床,在床上又翻来覆去、辗转难眠。天天有时还和旁边的小朋友说悄悄话,他人睡着后自言自语、咬被子角、抠指甲、玩小物品……一般一个小时左右才能入睡,睡熟之后有时会趴着,偶尔有磨牙现象,往往午休时间结束,其他小朋友醒来了,天天还在睡着。工作日五天中至少有两天中午天天是不睡觉的,尤其周一、周二居多,躺在自己床上重复以上小动作。

基本 理论

一、 幼儿午睡行为的表述

幼儿午睡是幼儿在园一日活动的重要环节。幼儿期正是生长发育的旺盛时期,中午睡得好能有效地促进幼儿身体正常发育和机能的协调发展,培养良好的生活习惯、卫生习惯,同时能增强体质,对参加教育和游戏活动也同样起着重要的作用。《3～6岁儿童学习与发展指南》中也指出:"3～4岁幼儿能在提醒下按时睡觉和起床,并能坚持午睡;4～5岁幼儿每天按时睡觉和起床,并能坚持午睡;5～6岁幼儿养成每天按时睡觉和起床的习惯。"午睡不仅要有数量保障,同时更要重视质量,让幼儿在午睡中享受睡眠带来的快乐。

幼儿午睡应在2～2.5小时左右,但因城乡差距、地域变化、办园性质、家庭环境、个人因素等方面存在诸多差异,如时间或短或长,没有固定午睡时间或场所,不午睡,依赖性强等。在能保证幼儿午睡的园所也存在部分幼儿不良午睡行为习惯:如小班幼儿入睡慢、入睡困难,需陪睡或依赖物品入睡;中、大班幼儿睡眠时间变少,有些幼儿出现睡姿不正确、入睡前讲话、自娱自乐、玩物品等行为;有些幼儿在入睡之后出现睡眠浅、翻来覆去、睡姿不正确、频繁去厕所等现象;不午睡或睡眠时间短的幼儿下午会经常打哈欠,无精打采,甚至出现坐在椅子上睡着的情况。

二、 幼儿不良午睡行为的影响

幼儿早上7:30～8:00入园,经过一上午的学习与游戏活动之后,大脑皮层、身体都会生产一定的疲劳,迫切需要一定的休息时间,才能保证有精力参加其他活动。午睡时间虽然短暂,但对幼儿的意义却不容忽视。从医学保健角度分析,幼儿睡眠时身体各部位及脑神经系统都在进行调节,内分泌系统释放的生长素要比平时增加3倍。学龄前的幼儿正处于生长发育的关键时期,睡眠质量的好坏直接影响着幼儿的生长发育、身体健康及学习状况。根据幼儿的生理特点,在幼儿园一日生活当中,适当安排2～2.5小时午睡是非常必要的。也许有人认为幼儿午睡更多的是顺从成人的一种生活习惯、社会习惯,不睡午觉对其生长发育也不会有影响。的确,对于一部分幼儿来说只要日常保持充足而有规律的生活习惯,保证晚上的睡眠时间,中午不午睡也妨碍不大。但殊不知,长期这样下去不午睡的幼儿生长发育要明显慢于同龄人;不午睡的幼儿脾气暴躁,爱发怒、爱哭泣;经常揉眼睛、打哈欠;身体抵抗力差,极易生病;等等。

大多幼儿都会午睡,如果因种种原因未按时、保质地入睡,会扰乱其大脑储存记忆的方式,影响下午活动的效果从而影响幼儿的学习能力。不午睡的学龄前儿童比午睡的孩子记忆减退快,即使晚上睡个好觉,他们也不能提高效果。另一方面,幼儿不午睡的话是存在极大安全隐患的,因为这个时间段幼儿有充足的个人时间,可以在床上做一些其他的事情:比如用被子、衣服上的绳子缠手指头,造成血液不循环不流通;玩弄自己藏好的小物品,小物品塞到口腔或鼻腔里造成呼吸困难;将脑袋藏到被子里,造成空气不流通;自娱自乐,影响他人休息等。中午这个时间段是人最疲乏的时候,如果成人监管力度不够,极易出现危险,这也是为什么幼儿园规定幼儿教师盯午睡时必须不断巡视,保证所有幼儿都在自己的视线范围之内,防微杜渐、杜绝一切不安全因素的发生。

幼儿园是集体生活,要求生活作息一致,因为无法在其他时间入睡,所以要在规定时间内按时睡觉。综上所述,建议每名幼儿都需要午睡,因为午睡是幼儿一天中呼吸节奏的重要一环,是在大量的自由玩耍和运动之后,幼儿身心需要放松的时刻,是幼儿回到自己内在安静的时间,这是有利于幼儿全身心放松和身心健康作息的。睡眠时幼儿的脑垂体会分泌生长激素,帮助幼儿长身体,也就是俗话说的"爱睡觉的孩子长得快",这也是有科学依据的。午睡还能补充个别幼儿夜间睡眠不足的情况,有增强机体防护功能的作用。

三、 幼儿不良午睡行为成因分析

(一)家庭原因

快节奏的生活方式,让很多家长无法督促幼儿早睡:家长工作太晚,幼儿一直等待父母陪伴入睡;家庭生活节奏安排不当,导致时间延后,无法提前入睡;隔辈同住的家庭,只要有一人不睡就会影响到幼儿入睡;受电视、网络影响,好多家庭晚饭后有看电视、追剧、玩手机的习惯,影响入睡时间,尤其是周末好多综艺节目的播放时间是在晚上10点以后,又致使睡觉时间一拖再拖。种种原因造成很多家庭入睡时间比较晚,从而影响幼儿晚上入睡时间,继而早上起床也晚。因为早上起床晚,午睡前的时间间隔短,就导致幼儿不困不想午睡。还有的家庭晚上睡觉早,起床晚,晚间睡眠时间过长,也易造成午睡时不困。另一方面家长的纵容与宠爱,让幼儿在家随心所欲,想做什么都可以,一天中午不睡觉没关系,两天也没关系,长久下去不利于幼儿养成午睡的好习惯。

(二)自身因素

有的幼儿上午的运动量不充分,导致体能过剩,需要找机会释放,一到中午就兴奋睡不着、以闹腾来消耗体力,这也就是为什么有的幼儿一到午睡时间就烦躁、哭泣的原因,这种情况以外向、活动量较大的幼儿为多;有的幼儿到了午睡时间一拖再拖,想做这个想干那个就是不想睡觉,找各种理由推迟午睡时间;还有一部分幼儿即使不想睡觉也不敢表达内心的想法,躺在床上"装睡"。

部分幼儿午睡时有特殊的习惯和需要。比如,有的幼儿需要陪睡,需要固定的家庭成员陪伴才可睡觉;有的幼儿有物品依恋感,需要借助玩具、自己的枕头或床等外在物品来睡觉,这样的幼儿在家庭以外的环境中就难以入睡。还有的幼儿入睡前必须要听一个故事才可以睡觉,家庭教育中越来越重视亲子教育、早期阅读的培养,睡前故事对幼儿的阅读、语言等各方面有促进作用,但要注意不能选择情节紧张、带有伤感情绪或需要多动脑的故事,否则会影响幼儿大脑皮层,带来一定的兴奋感,影响幼儿入睡时间。

(三)外在因素

首先,幼儿在家没有养成午睡的习惯,家园作息时间不一致,到园之后适应不了幼儿园的作息制度,一到午睡时间就犯愁、紧张。好多幼儿在入园后又会有"星期一现象"的出现,这与周末生活不规律有直接关系。周末的时候家长会带幼儿去游乐场所玩耍,无法保障幼儿的午睡时间。到了周一幼儿的兴奋劲未过,直接影响上午的活动效率及午睡质量。

其次,在幼儿午睡活动中,成人的监督力度不够大,尤其是午睡时督促、巡视、监督不够多,导致部分幼儿不睡或装睡。

第三,午睡环境不适合,室内温度或高或冷、光线过亮、室外环境嘈杂,创设不了安静的睡眠环境,影响幼儿午睡。

四、 教师和家长面对幼儿不良午睡行为的常见做法

(一) 幼儿家长的错误做法

有些家长遇到自己幼儿不午睡就用吓唬、欺骗等手段威胁幼儿,"再不睡觉就让警察把你抓走""快睡觉,不睡下午就不带你出去了""不睡觉妈妈就不理你了"之类的话强制幼儿睡觉。这样的做法和语言初次会见效,长久下去,外向、胆大的幼儿摸清了规律就不再害怕,不睡觉又不会拿我怎样;对于性格内向的幼儿来说,又会有心理负担,造成紧张情绪。

有些家长喜欢搂着幼儿一起睡,以为这样睡得快、睡得香。但是,幼儿与家长近距离尤其是面对面睡觉,如果成人体内有不显现的病菌或病毒,呼吸出来会影响幼儿的身体健康。

还有的家长很迁就幼儿,只要幼儿说"我不想睡觉",或者幼儿使出"哭闹"的方法,家长就投降——"不睡就不睡吧"。家长的纵容与娇惯,容易导致幼儿养成不好的生活与作息习惯。

(二) 幼儿园教师的不当做法

午睡前未开展睡前活动,如散步等。幼儿饱餐后需要适当的活动来消化食物、促进血液循环、防止积食,所以饭后几分钟的散步活动很有必要。如因环境因素不适合散步,可在室内进行与小肌肉群相关的游戏。

没有创设合适的睡眠环境。部分幼儿园活动室和寝室是分开的,寝室光线适宜、温度适中、通风良好有利于幼儿午睡。大部分幼儿园活动室和寝室是合二为一的,这不仅增加了教师的工作量,对教师的工作效率也是一种挑战,要求教师在最短的时间内打扫好卫生、抬床、拉好窗帘,以便幼儿尽快入睡。一旦某一环节拖沓,就会延迟幼儿上床时间;如窗帘未拉好,临近窗户的幼儿会因较强的光线影响午睡;如教师未及时调节室内温度与湿度,造成温度湿度不适宜,也会影响幼儿午睡质量,尤其是夏季和冬季。

经研究发现,幼儿上床半小时后教师巡视、监管的频率与幼儿快速入睡有直接关系,但往往部分教师做不到。对于班容量较大的班级,教师巡视一圈是需要花费时间的;加上教师的工作量较大,教师需要在盯午睡时进行环创、写教案等活动。另一方面,中午易犯困,也使教师巡视力度不够,间接影响幼儿午睡质量。

五、 家园合作中幼儿午睡行为的矫正

(一) 家庭方面

纠正幼儿问题行为之前,教师要建议家长首先改变自己的生活与作息时间,如晚上提前早睡、早上早起、按时午睡等等。"言传身教"才是最好的教育策略。

工作日坚持送幼儿入园,休息日坚持培养午睡习惯,做到家园步调一致。家长可以与孩子协商,如果幼儿在家睡不着可以躺着,不能影响他人休息。家长更不能强制孩子去改,幼儿的神经系统正在发育之中,要建立新习惯、接受一种新方式并不是很难,但需要家长的耐心和坚持、循序渐进。遇到幼儿在园午睡不好的情况,家长也不要过度紧张和焦虑,家长的情绪会间接影响入眠。家长要多与老师进行沟通,了解幼儿在园午睡情况,相互理解和信任,帮助幼儿提高适应能力。

同时,家长要学会放手,尽量给孩子们独立成长的空间和机会,帮助幼儿养成独立午睡的好习惯。幼儿在家不午睡很大方面的原因是家长的纵容与娇惯,间接导致在园午睡不好的情况。可以给幼儿一定的自由,但要让幼儿知道所有的自由都是建立在一定的规则之上的,到了什么时间就必须做什么事情,要让幼儿知道不午睡会给他人造成困扰,影响下午的活动。

(二)幼儿园方面

(1)培养幼儿良好的睡眠习惯:上床前入厕小便,上床后正确有序地穿、脱衣服、鞋袜;将衣服叠放、摆放整齐;学会正确的睡眠姿势,仰睡时双手自然放于两侧,侧躺时双手交叉放于侧躺的一侧,最好右侧睡;起床后学会自己整理被褥。

(2)午睡时教师穿软底鞋来回巡视,及时帮幼儿增减被褥。对于蒙头睡、趴着睡的幼儿要及时帮幼儿调整。对于早醒的幼儿也要及时观察,以防玩弄东西发生意外,或者影响其他幼儿休息。对于不爱午睡的幼儿,教师也要给予关怀,同时加大巡视力度。

(3)特殊幼儿特殊关照。有的幼儿睡觉时爱咬牙、说梦话,这需要教师耐心安抚;对于尿床的幼儿,教师要细心观察、督促幼儿如厕。

(4)创设适宜的幼儿午睡环境。睡前拉好窗帘、关好灯,教师留意温度计(湿度计)的变化,保证室内温度在26～27度之间,湿度在40％～60％,这是对于幼儿来说入睡较舒适的环境。夏季开空调、风扇的话让幼儿避开出风口,以免直吹着凉。每过一段时间开窗通风一会儿;冬季因室内干燥,建议教师每隔一段时间拿湿墩布擦地,增加湿润度。教师多留意幼儿额头、手心的体温是否适宜,以便及时增减被褥。

(5)开展专题教育活动。通过谈话、讨论等方式让幼儿了解午睡的重要性,也可以创编些有益于午睡的儿歌,让幼儿知道哪些是该做的,哪些是午睡时不该做的行为。睡前、起床时播放相应音乐,培养幼儿良好的生活习惯。

(6)家园共育,教师要充分发挥主动性,及时与家长进行沟通,比如提醒家长自律,晚上幼儿睡觉时有磨牙现象等,以保障幼儿高质量的睡眠时间。

良好的睡眠习惯对幼儿成长有很大的影响,所以我们要帮助幼儿养成良好的睡眠习惯,让每名幼儿都能健康成长。

学练 结合

一、名词解释

幼儿午睡

二、简答

1. 幼儿不良午睡形成的原因有哪些?
2. 在家园合作视角下对幼儿午睡行为应进行怎样的纠正与管理?

三、材料分析

一位幼儿从入园起直至幼儿园毕业,中午很少能在幼儿园入睡。教师多次与其母亲进行沟通,但是其母亲不以为然,说:"反正我们马上要上小学了,小学又没有午休时间;何况中午不睡觉,我家孩子也没见长得不如别的孩子。"

对这位母亲的说法你怎么看? 如果你是孩子的老师,需怎样与家长做进一步沟通?

技能 训练

项目一
设计一份有益于幼儿午睡教育的活动方案。
项目二
设计一份问卷,调查幼儿园教师对幼儿午睡行为的重视程度。

推荐 阅读

[1] 郭会敏.幼儿在园午睡困难干预的个案研究[D].鞍山师范学院,2014.

[2] 黎奎.两成幼儿睡眠有问题多因父母作息无规律[N].中国消费者报(保健养生),2007-11-14(C03).

第三节 尿床、尿裤子

目标导航

1. 分析导致幼儿尿床、尿裤子行为的原因。
2. 重视幼儿尿床、尿裤子行为的影响。
3. 正确进行纠正幼儿尿床、尿裤子行为的目标设定。
4. 理解并掌握在家园合作中幼儿尿床、尿裤子行为的矫正与管理策略。
5. 运用所学知识分析并解决幼儿尿床、尿裤子中出现的相关问题。

情景 导入

圆圆小朋友今年 3 岁 2 个月,是一个胆小、敏感的女孩。圆圆入园已经 2 周了,每天来园时,总要带上几条备用裤子。因为 2 周来她总是尿裤子,每天要尿裤子两三次,有时甚至午睡起床后被褥也是湿漉漉的。可据妈妈介绍,圆圆从 2 岁半起,基本上已经能够独立如厕,不再尿裤子了。为什么入园后圆圆却出现排便倒退现象呢?

基本 理论

一、 幼儿尿床、尿裤子行为表述

尿床又称儿童遗尿,一般而言,1～2 岁的婴儿尚不能控制大小便;2～3 岁婴幼儿中约有 80% 以上的儿童可以主动控制大小便,但对夜间尿的控制较差;4～5 岁幼儿约有 80% 可以控制夜尿,即 4 岁时仅有 20% 幼儿遗尿;5 岁以后能控制夜尿;10 岁时有 5% 的儿童有遗尿,少数患儿的遗尿症状持续到成年期。根据国际上统一的诊断标准,5～6 岁幼儿每月至少尿床两次,再大些儿童每月至少尿床一次就可诊断为遗尿症。患有遗尿症的儿童占童年期人口的 14%～17%。5～10 岁的儿童遗尿现象最多,随年龄增长,发病率逐渐降低,10 岁以上则很少见。

具体表现:儿童遗尿在幼儿阶段发生频率较高,有的幼儿由于泌尿系统发育不够完善,会出现尿床或尿裤子的情况;进入新的环境不适应,开始尿床、尿裤子;对于当前的活动中过于投入,不愿中断而尿裤子;白天活动量过大,晚上导致尿床等。幼儿遗尿,除生理原因外,多数是因精神紧张导致排泄功能失调引起的。

二、 幼儿尿床、尿裤子行为的影响

幼儿时期是人格形成的关键期,长时间的尿床、尿裤子问题给幼儿身心健康及良好人格的形成造成了严重影响,长期尿床导致幼儿易出现心理行为的改变,这对幼儿成长的危害已远远超过了遗尿症本身。世界卫生组织的一项跟踪调查显示:尿床使 97% 的幼儿心理压力增大,89.7% 的幼儿与其他同伴相处困难,90% 以上的幼儿智力、身高、心理等发育受影响,且尿床史越长,情况就越严重。

(一) 长期尿床,严重影响幼儿的生长发育

长期尿床易导致幼儿体内的营养物质缓慢流失,影响生长激素的分泌及钙的吸收、合成酶的生成,导致幼儿脏器发育迟缓,例如:膀胱括约肌松弛;膀胱小;男孩阴茎小、睾丸大小不等;女孩月经来迟;肠胃功能差并出现个子矮小、瘦弱、腿短、虚胖等。世界卫生组织调查显示:尿床孩子比同龄幼儿矮 2～5 厘米。不仅如此,尿床还影响大脑及神经系统发育,导致幼儿智商低、注意力不集中、记忆力差、反应慢、多动等。世界卫生组织调查显示:尿床幼儿智商比一般幼儿低 17%～23%。

(二) 长期尿床、尿裤子,幼儿免疫功能低下

长期尿床、尿裤子会对皮肤有刺激,还容易滋生细菌,对幼儿健康成长不利,极易导致幼儿机体抵抗力下降,易患病。

(三) 长期尿床、尿裤子,对幼儿健全心理塑造的影响

由于世俗的偏见和幼儿内心的原因,经常尿床、尿裤子的幼儿95%出现性格缺陷、行为异常,如孤僻内向、易焦虑、情绪不稳、不合群,恐惧集体生活、男孩有暴力倾向,严重者引起精神分裂。尿床、尿裤子如不及时治疗将会影响患儿个性的形成和发展,以及未来的工作和人际关系的协调。

(四) 长期尿床、尿裤子,幼儿成年后问题多

尿床、尿裤子行为影响性激素的分泌,30%～50%的尿床幼儿在成年后会出现生殖问题:如男性易出现阳痿、早泄、少精等症;女性则可能引起月经不调、排卵障碍、闭经等症,严重的会影响生育功能,甚至还会遗传给后代。

三、 幼儿尿床、尿裤子行为成因分析

(一) 生理性原因

1. 遗传因素

尿床常有遗传倾向,不少尿床、尿裤子的幼儿有遗传家族史。国外数据显示:30%～50%的尿床、尿裤子幼儿其父亲或母亲有尿床史,并且发现同卵双生幼儿同时尿床比异卵双生幼儿高。教师可侧面了解尿床幼儿父母或祖父母小时候有没有类似行为,以确定该幼儿是否属于家庭遗传。

2. 器质性因素

幼儿肾脏或泌尿系统发育不完善、不健全引发尿床,如尿道口阻塞、慢性发炎或肾脏先天性畸形等。女孩由于生理原因,阴道与肛门的距离短,因此尿道发炎,尤其是轻微尿道发炎所造成的尿床、尿裤子也占有一定的比例。另外,大脑皮层发育延迟,不能抑制脊髓排尿中枢,在睡眠后逼尿肌出现无抑制性收缩,将尿液排出。还有些幼儿膀胱功能成熟延迟,膀胱较正常幼儿偏小,膀胱内的尿液没有多少,它就收缩排尿了,所以造成这些幼儿平时排尿次数相对较多,但尿量不多。

3. 排尿习惯因素

由于成人对幼儿的过度保护及溺爱,不对幼儿进行排尿训练,导致幼儿不能自如控制排尿括约肌,尿液充盈膀胱,等到膀胱扩大到不能再容下尿液的程度时,幼儿就控制不住,导致小便失禁。有些父母为了方便省事,不对幼儿进行排尿训练,而是长期为幼儿使用一次性尿不湿,以至于幼儿没有养成自己控制排尿的习惯。还有些家长对幼儿进行过度、频繁的排尿训练,导致幼儿排尿紊乱,没有养成良好的排尿习惯。

(二) 心理性原因

1. 受环境变化的影响

环境的变化容易引发幼儿焦虑、紧张的情绪,如幼儿由熟悉的家庭环境步入幼儿园,离开父母面对陌生的环境、陌生的人,幼儿会过于紧张;冬天天气寒冷,幼儿衣物较厚,不容易穿脱等原因都易导致幼儿尿床、尿裤子。

2. 与兴奋程度和睡眠状况有关

爱玩是孩子的天性，幼儿在玩的时候由于注意力过于集中、精神太兴奋而不愿意中断正在进行的活动而尿裤子，这是我们常常遇到的问题。还有的幼儿经常在白天进行了大量活动，由于运动量过大、运动时间过长，导致晚上睡眠很深，不容易被尿急感惊醒及时醒来，而多数幼儿这时会产生小便的梦境，导致尿道括约肌放松，排出尿液，这从心理学的角度看也是非常正常的现象。

3. 受成人态度的影响

尿床的幼儿一般比较胆小、敏感，他们在尿裤子、尿床后很在意教师或家长的态度，面对成人的指责和训斥，他们会变得更加的自卑和害怕，他们越担心尿床就越容易尿床，所以说成人对幼儿尿床、尿裤子后的斥责和惩罚不利于问题的解决，更不利于幼儿身心健康的发展。

4. 依赖和模仿心理

有些家长对幼儿过分溺爱，许多事情包办代替，导致幼儿入园后进餐、如厕等生活环节不能独立完成，对家长的照顾产生依赖，离开成人的帮助后生活不能自理导致尿床、尿裤子。

有些幼儿看到其他幼儿尿裤子后可以打电话让家长来接，于是就故意尿湿裤子，希望早点回家。遇到这种情况，家长最好不要把幼儿接走，而是应该拿衣服到幼儿园为幼儿更换，以免让其产生投机心理而故技重演。

四、 教师和家长面对幼儿尿床、尿裤子行为的常见做法

幼儿时期尿床、尿裤子这一行为较为常见，导致这一行为出现的原因也很多。当幼儿出现尿床、尿裤子的行为时，有不少家长和幼儿园教师的做法欠妥或是错误的。

(一)幼儿家长的不当做法

部分家长过于关注幼儿尿床、尿裤子行为，这一行为成为家长非常担心的问题。有的父母甚至到了惊慌的程度，觉得孩子已经过了这个阶段，认为这是倒退的症状，视其为严重的"问题行为"，为自己的教养增加压力。

还有些家长对幼儿的尿床、尿裤子行为一味地训斥、指责，有的父母为了惩戒幼儿，甚至在客人和幼儿同伴面前展示幼儿的"地图"，让幼儿感到羞耻、自卑。这种做法会对胆小、敏感的幼儿造成精神高度紧张，故而出现反复尿床的现象，成为一种恶性循环。

(二)幼儿园教师的不当做法

教师对于爱尿床的幼儿不给予特殊的关注，也是不妥的。有的教师为了杜绝幼儿尿床行为，会在全班面前批评、责备幼儿；有些教师在为尿床、尿裤子幼儿更换床单、衣裤时，也不注意保护该幼儿隐私，不避开其他幼儿的目光和视线。这样致使尿床幼儿精神负担会更加沉重，会更感到紧张，无疑是雪上加霜，反而促使幼儿尿床的再次发生。

五、 家园合作视角下对幼儿尿床、尿裤子行为的目标设定

第一，幼儿园教师和家长应共同配合，确定幼儿尿床、尿裤子的原因是什么，从而进行区别对待。一种情况是由于生理原因造成的，幼儿园教师和家长双方应积极合作，引导幼儿配合医生治疗，减少幼儿尿床的频率直至治愈。另一种情况是由于幼儿心理因素导致的，如紧张、焦虑、兴奋、模仿等，幼儿园教

师和家长应安抚幼儿情绪,让幼儿有足够的安全感,帮助幼儿逐步养成控制排尿的良好习惯。

第二,对于有尿床、尿裤子行为的幼儿,家园双方应及时沟通交流,为幼儿营造一个宽松和谐的氛围,帮助幼儿减少遗尿带来的心理负担和情绪不安,让幼儿轻松快乐地成长。

第三,家园双方共同配合,采用行为矫正疗法,找出适合幼儿排尿训练的方法,帮助幼儿养成科学的排尿习惯,使幼儿尿床、尿裤子的行为能得到较好较快解决。

六、 家园合作中幼儿尿床、尿裤子行为的矫正

家庭是幼儿重要的成长环境,它无时无刻不发挥着教育作用,对于幼儿尿床、尿裤子的行为需要幼儿园和家庭双方共同探讨,寻找适宜的方法,有效地改善幼儿的问题行为,赢得家长的信任和支持。

(一) 对于长期尿床的幼儿,教师要将"心理护理"落实到具体的教育行为上

幼儿时期的心理是稚嫩的,需要幼儿园教师和家长共同用心呵护。如何减轻尿床或尿裤子幼儿的自卑感和羞愧心理,使其在宽松、和谐的环境中健康成长呢?幼儿园教师要保护孩子的心理正常状态,增强孩子克服尿床尿裤子的信心。一旦发生尿床行为时,教师要对幼儿表现出关心、耐心的态度。幼儿尿床、尿裤子后会普遍会产生羞愧感和恐惧感,幼儿园教师应当给予幼儿更多的关爱与鼓励,解除他们的恐惧、紧张心理,帮助他们树立克服尿床习惯的信心和决心,用积极的态度去克服尿床。

(二) 个别沟通,指导家长运用行为矫正法养成幼儿良好的生活习惯

幼儿时期,尿床、尿裤子问题比较普遍,教师一旦发现某一幼儿频繁尿床、尿裤子,就要及时和家长取得联系,了解该幼儿尿床、尿裤子的原因,明确病因。如若是生理方面的某些器质性躯体疾病等因素,建议家长尽早带幼儿到正规的医疗机构进行治疗。对于生理正常幼儿长期尿床、尿裤子的问题,一定要注意"心理护理",为幼儿创造宽松的成长环境。同时,让家长多为幼儿准备几条干净的裤子,留在幼儿园备用。健康良好的生活习惯对幼儿精神心理、内分泌、泌尿系统等多系统的发育非常重要,因此建议家园同步,建立科学、合理的生活习惯,包括饮食、饮水、排便习惯,为孩子的健康发育创造有利条件。很多尿床的幼儿经过生活训练,建立良好的生活习惯后尿床症状就可能会有很大的改善。

(1) 养成规律健康睡眠习惯:早睡早起、坚持午睡,保证幼儿充足的睡眠时间和质量,为大脑发育创造条件。

(2) 养成良好的饮食习惯:为保证幼儿体内消化、吸收、循环、排泄等生理功能的正常进行,必须为幼儿提供充足的饮水量,使幼儿每日进水量和失水量达到相对平衡。尽量减少含高糖和刺激性的饮料、咖啡因的摄入,保证白天水分的摄入,晚餐宜早,饮食不要过咸,睡前约两小时不再饮水、进食。

(3) 养成规律的排便习惯:首先要多食用含纤维素丰富的食物,多饮水。养成每日定时排便的习惯,训练幼儿不要憋尿,养成定时排便的习惯。其次,幼儿因贪玩儿憋尿,教师和家长应及时提醒幼儿排便。第三,起床后应先让幼儿小便,以免憋尿时间过长。但也不要频繁让幼儿排尿,强行让幼儿大小便,容易使幼儿形成逆反心理,不利于定时排尿习惯的养成。通过小便训练,可使幼儿对尿道刺激、皮肤接触的需求正常发展,养成良好的卫生习惯,有利于幼儿身心健康。

(4) 安排合理的生活作息表:和幼儿一起制定一个健康的作息时间表。同时,教师和家长帮助孩子一同记录是否尿床、睡前是否限制饮水、睡后能否被唤醒排尿、尿量多少等等。引导幼儿关注自己的进步,家长和教师应及时奖励,对没尿床的行为表现以奖励的形式以示鼓励;对尿床的幼儿可以指导其自己更换床单、被褥,让其了解后果,以示处罚,但不责骂他们,并对他们以口头鼓励,希望下次争取得到奖

励,这样会有助于尿床行为的好转。

（5）睡前相关注意事项：幼儿很容易兴奋,在睡觉前不宜参加剧烈活动或兴奋过度。尽量减少幼儿的活动量,避免太过劳累。大量活动还会导致出汗太多,需要大量饮水来补充水分,所以睡前尽量不要给幼儿喝太多水,吃含水分多的食物,目的在于减少入睡以后膀胱内贮存的尿量。另外,不能让幼儿看紧张刺激的动画片,使幼儿过于兴奋;建议午饭或晚饭后,家长带领幼儿散步、听舒缓的音乐等轻松的活动。幼儿入睡后,家长要多次查看,一旦发现幼儿有惊尿的表现或看到幼儿睡醒后,让其马上上厕所。

（三）开展家长课堂活动,引导家长正确对待幼儿尿床、尿裤子的行为

幼儿园定期开展家长学校活动,有助于家长树立正确的教养观念,创设良好的家教环境,学习科学的教养方法,提高家庭教育质量,最终促进幼儿的身心全面发展。针对幼儿尿床、尿裤子这一行为,可就以下建议给家长们做详细的讲解。

1. 家长要给予幼儿关爱和理解,不指责惩罚

作为老师应让家长和幼儿认识到幼儿期尿床、尿裤子是正常现象,应该卸掉心理负担,一旦发生尿床或尿裤子的行为,教师或家长应尽快帮她换上干净的衣服,并安抚幼儿:"×××都上幼儿园了,是大孩子了,想尿尿跟老师(妈妈)讲,咱们到厕所尿,长大了还在尿床就不好了。"用这样的引导方式使幼儿尽快恢复平静,减轻心理负担和不安情绪。

2. 利用绘本故事打动幼儿

"当我们给幼儿讲道理时,他的耳朵是紧闭的,当我们给幼儿讲故事时,他的耳朵是打开的。"故事对幼儿有着天生的吸引力和感染力,家长可以借助绘本故事的力量,在睡前时间和幼儿分享一些跟尿床有关的故事,如《汤姆尿床了》《波西和皮普:尿裤子》《阿丁尿床了》等,通过这样的绘本故事引起幼儿的共鸣,使幼儿树立不能尿床的意识,养成起床小便的习惯,从而改正幼儿尿床的习惯。

3. 及时表扬与鼓励

家长对于幼儿频繁尿床要给予更多的关注,如果尿床次数减少或持续一段时间没有尿床、尿裤子的行为,应立即给予表扬或其他形式的鼓励使之强化。例如,一个微笑的鼓励或一个轻轻拥抱,每个幼儿都希望得到教师和家长的表扬与鼓励。当幼儿体验到不尿床带来的好处时,就形成了想得到夸奖就不能尿床的思想。如果尿床幼儿想获得更多的夸奖,就会尽量控自己不尿床。通过这样的夸奖能逐步增强幼儿不尿床的信心,让他们对控制自己的尿床、尿裤子的行为越来越有信心。

幼儿尿床、尿裤子是幼儿期常见的现象,需要教师和家长正确处理和对待,从心理防护入手,给予这类幼儿更多的关爱和理解,在尊重幼儿的前提下,帮助幼儿形成良好的排尿习惯。尽量减少尿床、尿裤子这一行为给幼儿带来的影响和危害,关注幼儿成长和心理状态,减轻幼儿的心理负担,使其健康快乐地成长。

学练 结合

一、 名词解释

儿童遗尿

二、简答

1. 幼儿尿床、尿裤子形成的原因有哪些？
2. 幼儿长期尿床、尿裤子行为对幼儿健全人格的养成有哪些影响？
3. 家长及幼儿教师对幼儿尿床、尿裤子行为的不当做法有哪些？对幼儿产生什么样的影响？
4. 在家园合作视角下对幼儿尿床、尿裤子行为的矫正策略有哪些？

三、材料分析

萌萌今年4周岁半，是个瘦瘦高高的女孩，三周岁时开始上幼儿园，很快便适应了幼儿园生活。可是，自从去年劳动节过后，萌萌在幼儿园午睡时开始尿床，几乎天天尿，一直持续了一个多月才逐渐好转。可是今年五月下旬又开始在幼儿园午睡时尿床，一直到现在天天尿床，已经持续一个多月了。萌萌在家里从来不尿床，周末在家午睡不尿，晚上睡觉不起夜也不尿，只在幼儿园尿床。为此，家长还专门带萌萌去医院检查，化验了血液和尿液，医生说一切都正常，没有生理疾病。

对这一现象你怎么看？

技能训练

项目一
设计一份问卷，调查幼儿园教师对幼儿尿床、尿裤子行为的常见做法。

项目二
设计一份以"如何正确处理幼儿尿床、尿裤子行为"为主题的家长讲座方案。

项目三
请班级里的同学扮演一场"父母—教师"会议，讨论制定针对有尿床、尿裤子行为幼儿的矫正策略。

推荐阅读

[1] 田玲玲.儿童遗尿症的相关因素调查及分析[D].宁夏医科大学,2016.

[2] 郑立宁.口吃和遗尿幼儿心身发展和相关因素的研究[D].第四军医大学,2007.

[3] 纪瑞祥.幼儿在园中尿床问题的心理疗法[J].家教世界,2015(Z2)：124—126.

第三章

社会性交往中的常见问题行为

第一节 退缩行为

目标导航

1. 了解幼儿退缩行为的表现。
2. 分析幼儿退缩行为的形成原因。
3. 了解幼儿退缩行为对其生活、学习的影响。
4. 正确进行幼儿退缩行为矫正的目标设定。
5. 理解并掌握在家园合作中幼儿退缩行为的矫正策略。
6. 运用所学知识分析并解决幼儿在社会交往过程中出现的相关问题。

情景 导入

佳佳在家里是个活泼开朗的女孩,灿烂的笑容、清脆的笑声、活跃的思维、大胆的言行,这就是佳佳在家的日常表现。然而,只要离开家门来到陌生环境,见到陌生人,佳佳便性情大变。在入园前幼儿园组织的亲子活动中,小朋友与家长以内外圈的模式围成半圆,各自坐在自己的小椅子上,在老师的带领下做亲子游戏,只有佳佳不肯坐小椅子,她僵硬地站在妈妈旁边,身体紧紧地靠着妈妈,表情严肃;亲子活动间歇,老师为小朋友发放酸奶,请小朋友自行排队取奶,大家都雀跃着去老师面前排队,只有佳佳踟蹰不前,欲行又止,在妈妈的一再鼓励和老师的声声召唤下,她才犹豫不决地迈着"沉重"的步伐去排在了队伍的最后,不过拿到酸奶后,她喝得很欢快。九月份正式入园了,佳佳每天早上在班级门口与妈妈分别都要大哭一场,这种情形持续了一个多月后逐渐减轻。每天的入园路上,妈妈都会嘱咐佳佳:"到园门口要跟门卫张爷爷说'爷爷早上好',到班门口要跟老师说'老师早上好'。"佳佳总是下了很大决心般地用力点点头,可通常情况是,到了门口,佳佳羞怯地看一眼张爷爷或老师,一副话到嘴边的样子,但最终又咽下了。冬天来了,孩子们都穿着厚厚的外套来到幼儿园,但因为班里有暖气,适宜穿毛衣,所以大家都会在进班之前将厚外套脱掉放在班门口的柜子里,一身轻松地进入教室。但是在家里一向怕热的佳佳,在早晨入园时段却非要裹着她的厚外套,任凭家长、老师如何劝说,就是不肯脱,只有在上午的活动进行一段时间后,在老师再次劝说下才脱下外套。集体活动中,佳佳很少回答老师的提问,游戏时也仅仅与她的两个好朋友糖糖和斯斯玩。在家里,如果来了令佳佳感到陌生的客人,前一刻还活泼开朗的她也会突然变得沉默寡言、动作缓慢。客人们都夸:"这小姑娘真文静!"然而,佳佳的表现与"文静"其实完全是两码事。

基本理论

一、 幼儿社会退缩行为表述

幼儿社会退缩是幼儿在社会情境中或有同伴的情境下所表现出的跨时间情境的独处行为。幼儿的退缩倾向往往表现出以下四个特点:

(1)在陌生或熟悉的社会情境中表现出孤独、害怕、胆小、一人独处、不愿与其他幼儿交往等心理和行为障碍。

(2)持续出现,具有跨时间、跨情境的一致性。如案例中的佳佳,在任何时段、任何陌生环境中均会出现该问题行为。

(3)是一种内化的问题行为,具有内隐性,不易被察觉。因为这种问题发生在"个体内部",所以常常被老师和家长忽视。

(4)在不同个体身上有不同的表现和心理机制,并会随着年龄的增长和环境的变化而发生变化。如小班幼儿往往表现为对陌生环境、陌生人感到害怕、胆怯;中班幼儿表现为对新事物、新活动不敢尝试,缺乏自信;大班幼儿则表现为对自己能力的担心、焦虑,担心自己做不好。

幼儿社会退缩行为又可分为不同的类型,目前获得较广泛认可的是三维度说,即根据社会退缩行为产生的动机将其分为安静退缩、焦虑退缩和活跃退缩三种类型。安静退缩型幼儿喜欢单独进行安静的探索或建构性游戏,他们不热衷于社交活动,并非因为缺乏社交能力,而是因为其兴趣点在物不在人。焦虑退缩型幼儿有交往的愿望,但却因害羞、胆怯等不敢加入同伴的互动活动。此类幼儿通常在团体游戏中表现得无所事事、旁观等待、矛盾徘徊等,案例中佳佳便属于此种类型。活跃退缩型幼儿具有活跃、冲动、不理智的特征,其发起的互动行为常常伴有攻击性和破坏性,严重干扰正常儿童的活动,这类退缩行为往往伴随攻击性行为出现,因受到同伴的疏离而退缩。

二、 社会退缩行为对幼儿的影响

(一)社会退缩行为影响幼儿社会性的发展

人具备社会性,才能适应周围环境。儿童的社会性是指儿童在其生物特性的基础上与社会生活环境相互作用,逐渐掌握社会规范、学习社会技能、形成社会角色、获得社会价值和培养社会态度、发展社会行为,由自然人发展为社会人的过程中所形成的那些独特的心理特征,如社会认知、社会情感、社会行为技能等。社会退缩行为会对幼儿社会性发展造成显著的负面影响。

1. 因退缩而失去发展社交能力的契机

社会性是在人际交往和社会实践活动中发展起来的。而有社会退缩行为的幼儿由于其主动或被动回避社交活动,就使其较同龄孩子失去了许多锻炼社交能力的契机。他们不愿参加集体活动,害怕接触自己不熟悉的人,回避做自己没有把握的尝试,把自己封锁在狭小的交际圈子里,难以习得社交策略、发展社交能力。

2. 易被同伴忽视、排斥

无论哪种类型的社会退缩幼儿，都容易被群体忽视甚至排斥。安静退缩型和焦虑退缩型幼儿，均有主动回避社交的特性，他们胆小害羞、沉默寡言、表情淡漠，在教学和游戏活动中缺乏表现力，难以给同伴留下深刻印象，易被同伴忽视甚至引来同伴的偏见。活跃退缩型幼儿，因其常有攻击性、破坏性行为，会导致同伴的惧怕、厌恶和疏离，所以社交退缩幼儿往往游离于群体之外，自己无法融入群体，群体也不欢迎他们，形成恶性循环。当然，这也并不意味着，社会退缩幼儿没有固定的友谊，他们也有自己的好友，但往往数量较少。据我国学者周宗奎研究发现，社交退缩儿童的友谊伙伴往往具有统一性，即其友谊伙伴可能也具有社会退缩性质，这在一定程度上可能会强化幼儿的退缩行为。

3. 易导致负面自我评价

社交退缩幼儿由于自身的胆怯、同伴的疏离、教师和家长的无意评价等原因，易导致自我评价过低。如教师或家长将"害羞、胆小"等词汇运用于幼儿身上，强化了幼儿对自身退缩特点的认同感，甚至导致他们认为自己无能而怀疑自身的价值，产生低自尊的负面体验。

4. 易导致社会适应能力低下

有社会退缩行为的幼儿在面临新环境、新群体时，难以融入其中，胆小、怯懦等特点导致的低参与性和自我表露意愿，又使得他被新群体忽略，无法在集体中产生凝聚感和归属感。部分社会退缩幼儿还会在集体活动中表现出无视集体规则和老师要求的现象，无法从自己的世界中抽离出来与集体同步，使得自己成了一个"与众不同"的人，因而社会适应能力低下。

（二）社会退缩行为可能成为引发异常心理的危险因素

幼儿期是个体生理和心理全面发展的关键期，这一时期幼儿对孤独的偏好，可能给幼儿带来一系列发展性的心理和行为问题，如挫折感、疑惑、孤僻、烦恼、不爱与人沟通等，为其终身发展埋下隐患。Lemer 等人的报告指出，3～5 岁儿童出现频率最高的行为是退缩。特别是女孩，在学前期退缩行为达到中等程度以上的儿童，11 年后发展成为心理障碍的可能性是其他孩子的两倍。滑铁卢纵向追踪研究结果发现，早期儿童的社会退缩可以预测以后的内隐行为问题，与儿童的负面自我评价、害羞和焦虑相关。退缩性对触觉过分防御及情绪不稳具有较高的预测作用，两者存在着极其显著的相关。[1]

三、 幼儿社会退缩行为成因分析

幼儿出现社会退缩行为，与幼儿自身素质、已有经验、家庭教养方式、师幼互动效果、周围环境影响等多种因素有关，是多方面因素共同作用的结果。

（一）幼儿自身因素

许多研究者认为，儿童的社会退缩行为与其抑制性气质紧密相关，而抑制性气质的产生是有其生理基础的。对抑制性气质生理基础的研究始于凯根。凯根(1991)等人关于气质的研究中认为，抑制性儿童在神经系统的幻想水平和调节功能上与其他儿童具有明显差异。之后，许多研究者对社会退缩儿童生理基础进行了更为深入和广泛的探讨，结果发现：有社会退缩行为的幼儿有明显的抑制性气质基础，其神经节律表现出稳定的高心率、易紧张而不易控制的特点；情绪调节能力不佳，容易处于压力和紧张

---

① 叶平枝，张彩丽.幼儿社会退缩与好奇心的关系[J].学前教育研究,2009(5)：37—40.

之中,不自觉地用谨慎、畏惧等应激方式来应对陌生环境,且具有相对的稳定性。[1] 可见,社会退缩行为确实存在一定的生理基础。

(二)家庭因素

家庭是儿童的第一所学校,父母是儿童的第一任老师。儿童从出生到入园前的生活都是在家庭中度过的,家庭的影响深深地印刻在每个孩子身上,每个孩子都从自己的家庭中获得了一些属于自己的不同于别人的内容。亲子关系、家长的教养方式、家长自身的性格特点等,对孩子的认知特点、性格特征、生活习惯、待人处事的方式等都具有显著影响。

1. 婴儿时期的亲子依恋关系

英国精神病学家鲍尔贝(J•Bowlby)于1969年最早提出依恋的概念,他指出:依恋是一个个体与具有特殊意义的他人形成牢固情感纽带关系的倾向,在个体一生中都起着重要作用。[2] 安斯沃斯等通过陌生情境研究法,将婴儿依恋分为三种类型:安全型依恋、回避型依恋、反抗型依恋。(1)安全型依恋:这类婴儿当母亲在场时,感到足够的安全,能在陌生的环境中进行积极的探索,对陌生人的反应也比较积极。当母亲离开时明显表现出苦恼、不安,想寻找母亲回来。当母亲回来时,很容易经抚慰而平静下来,继续去做游戏。(2)回避型依恋:这类婴儿对母亲在不在场都无所谓。母亲离开时,他们很少有不安的表现;当母亲回来时,也往往不予理会,继续玩自己的。实际上这类婴儿对母亲并未形成密切的感情联结。(3)反抗型依恋:这类婴儿在母亲离开时表现得非常苦恼、极度反抗、大喊大叫,但是当母亲回来时,对母亲的态度又是矛盾的,既寻求母亲的接触,又反抗与母亲的接触,但是要他重新回去做游戏似乎又不太容易,不时地朝母亲这里看。所以这种类型又常被称为矛盾型依恋。在三种依恋类型中,安全型依恋是良好、积极的依恋,而回避型和反抗型依恋又被称为不安全型的依恋,是消极、不良的依恋。

儿童与母亲(或代替母亲角色的其他监护人)之间建立的依恋关系将成为儿童与其他个体建立关系的内部模式,并对儿童与其他个体之间关系的特质起着决定性作用。研究表明,安全型依恋能引发儿童积极的同伴互动和社会探究行为,而反抗型依恋则促使儿童认为周围环境是无法预测、不安全和没有反馈的,他们容易烦躁、脆弱、社会抑制、缺乏自信、优柔寡断,在与他人交往过程中易退缩,缺少对周围环境的探索行为。Rubin等的研究发现,反抗型依恋与行为退缩有关且能对行为退缩进行预测。[3]

2. 家庭教养方式

家庭教养方式主要有:民主型、专制型、溺爱型和忽视型四种。在民主型教养方式下,父母对孩子宽严有度、管放结合,孩子既得到尊重,又得到保护,正当的需要可以得到满足,不适当的行为会得到抑制和纠正。孩子与父母关系融洽,孩子的人际交往、独立性、主动性、自尊心、自信心等都发展较好。在专制型教养方式下,父母教育孩子的方法简单、粗暴,强行压服,孩子合理的要求也难以得到满足,亲子关系疏远,孩子害怕父母,容易变得压抑、退缩、自卑、情绪不安、优柔寡断,其独立性、主动性、自信心、创造性等发展较差。在溺爱型教养方式下,父母对孩子百依百顺,宠爱娇惯、过度保护,无原则地迁就。孩子容易变得依赖性强,且任性蛮横、胆小怯懦、意志薄弱,人际关系不佳,独立性、自主性等发展较差。在忽视型教养方式下,父母对孩子不关心、不热情,忽视孩子的需求,和孩子缺乏交流与沟通,致使孩子对父母采取回避或反抗的态度,亲子关系不佳。孩子的独立性、自主性较强,但自信心较差,对人际关系的认知易出现偏差,交往态度也会受到影响。此外,残缺家庭或夫妻关系恶劣的家庭,易使幼儿感到不安、恐惧、自卑。

① 叶平枝.儿童社会退缩影响因素及发展路径研究[J].广州大学学报(社会科学版),2008,7(11):27—32.
② 余斐.婴儿的依恋类型对后期行为的影响[J].科技信息(学术研究),2008(8):292.
③ 叶平枝.儿童社会退缩影响因素及发展路径研究[J].广州大学学报(社会科学版),2008,7(11):27—32.

可见,残缺型和夫妻关系恶劣的家庭,或即使结构完整、夫妻关系正常但对孩子采取专制型和溺爱型教养方式的家庭,其子女易形成焦虑、恐惧、难以适应新环境、遇事退缩、缺乏动力的行为模式,都可能导致孩子产生社会性退缩行为。

3. 父母自身性格特点

生活中,父母自身就是内向畏缩、胆小怕事、易于紧张焦虑等性格特点,其子女也有可能从父母身上习得这些特点,而发展为社会退缩。

4. 家庭结构的影响

有些家庭,父母工作繁忙、无暇顾及孩子,孩子主要由爷爷奶奶或姥姥姥爷照顾。由于老人年龄大、行动不便、教育观念落后等原因,老人平时与孩子交流较少,在孩子入园前也很少带其与同龄伙伴玩耍,导致了幼儿人际交往能力匮乏,社会适应性差,出现孤僻、胆小等社会退缩倾向。

除以上因素,父母有意无意的语言评价也会强化幼儿的退缩倾向。如孩子在场的情况下,家长多次对别人说自己的孩子内向、害羞、安静、不爱说话,不喜欢和小朋友玩等,就会强化幼儿对自己这些特点的认同,从而使退缩行为加剧。

(三)同伴关系

同伴在儿童发展中担任着重要角色,与同伴的玩耍、合作、互动有助于推动幼儿的认知和社会性发展。而有社会退缩行为的孩子,在同伴关系上会陷入恶性循环:他们较少参与同伴之间的交往活动,从而导致被同伴忽视和拒绝,而被同伴拒绝又成了加剧幼儿社会退缩的危险因素。近年来一些研究表明:那些在幼儿园被同伴排斥的害羞、焦虑的儿童,其害羞、焦虑的表现到小学4年级都非常稳定,且抑郁的症状加重。还有研究发现,5~6年级的儿童在高排斥的同伴环境中,其焦虑孤独得以延续和恶化,而在低同伴排斥的环境中,其焦虑孤独的行为会降低,交往趋近动机和能力提高。[①] 同伴关系中还存在一种异常关系,即同伴欺侮,其中被欺侮的一方,易发生社会退缩行为。

(四)师幼关系

幼儿园教师是孩子离开家庭步入社会的重要他人,良好的师幼关系有助于孩子健全人格的形成。然而,有些教师因各种原因,对部分正常幼儿忽视或拒绝,导致这些幼儿与教师之间缺乏积极的情感交流,对班级活动和同伴也缺乏兴趣,从而产生退缩行为。对于有退缩行为问题的幼儿来讲,由于需要教师提供额外的支持和帮助,师幼关系就显得更加重要。然而具有退缩行为的幼儿不易引起教师的重视和信任,易被教师忽视,而这种忽视又会加剧幼儿的社会退缩倾向。

四、 教师和家长面对幼儿社会退缩行为的常见错误做法

面对幼儿的社会退缩行为,教师和家长由于传统思想、教育观念等影响,常常会出现一些不当甚至错误的做法。

(一)幼儿家长的错误做法

1. 无视

许多家长将幼儿的社会退缩行为简单等同于胆小、害羞,采取无视态度。他们认识不到这种问题行为背后的根源所在,也不能预知这种行为会对幼儿未来的人际交往、学习甚至婚恋等造成怎样的影响,

---

① 叶平枝.儿童社会退缩影响因素及发展路径研究[J].广州大学学报(社会科学版),2008,7(11):27—32.

错误地认为随着孩子年龄增长,这种现象会自然消失。所以他们不能给予孩子任何疏导、支持与帮助,孩子在克服退缩行为的征途上是孤立无援的。

2. 暴怒

还有些家长则恰恰相反,他们发现自己的孩子在陌生环境中显得尤为退缩、孤僻,联想到自己在人际关系中的落落大方、左右逢源,便觉得怒火中烧,"恨铁不成钢",认为这是孩子胆小懦弱、没出息。在屡次讲道理不奏效的情况下,便对孩子恶言恶语甚至拳脚相加,以为打骂可以快速塑造出一个理想中的孩子。殊不知,这样只会加重孩子的退缩程度。

3. 无意识强化

当旁人在场,自己的孩子又表现出诸如不敢打招呼、羞于讲话、不愿参与其他孩子的游戏等社会退缩行为时,有些家长为了掩饰自己内心的尴尬或者为了帮孩子开脱尴尬,便会说出这样的话:"这孩子害羞""这孩子在家挺活泼,就是出门在外胆子小""我们孩子是'在家大老虎,在外小绵羊'的类型"……父母的这些不当言辞反而对孩子的退缩行为起到了强化作用。因为幼儿认知水平有限,还不能客观地对自己做出评价,他们对自己的评价主要来源于成人,家人反复给予他"害羞""胆小"等评价,他也会在内心深深地认同这种评价,从而放弃改变现状的努力。

(二)幼儿园教师的不当做法

针对有社会退缩行为的幼儿,幼儿园教师的常见不当做法就是"忽视"。这些教师缺乏对幼儿进行行为观察、分析和干预的专业知识与能力,甚至缺乏这样的观念。有退缩行为的幼儿与教师沟通互动很少,部分教师也就将这些孩子当做了可有可无的人。在集体教学活动中,这些孩子不举手,教师便从不提问;日常生活中,这些孩子羞于表现,教师便从不给他们提供锻炼机会;游戏活动中,这些孩子游离于集体之外,教师也从未通过适当的介入方法将孩子引入游戏之中。而幼儿期的孩子都渴望得到老师的关注,长期被老师忽视,将进一步降低社会退缩幼儿的自我效能感,从而加剧退缩倾向。

五、 家园合作视角下对幼儿社会退缩行为引导的目标设定

(一)帮助幼儿提高自我效能感

自我效能感指个体对自己是否有能力完成某一行为所进行的推测与判断。自我效能感高的人,遇事理智处理,乐于迎接应急情况的挑战,需要时能发挥自己的智慧和技能。反之,自我效能感低的人,畏缩不前,在压力面前束手无策,易表现出惧怕、恐慌、羞涩,当需要时,其知识和技能难以发挥。社会退缩幼儿普遍存在自我效能感过低的问题,所以,教师与家长应通过多种策略,帮助幼儿对自己的能力建立合理认知,提高幼儿的自尊、自信水平,提升其在人际活动中的自我效能感。

(二)引导幼儿掌握人际交往技能

社会退缩行为的幼儿,难以适应新环境的一个重要原因是不知如何与新环境中的人相处。所以教师与家长应通过多种途径帮助幼儿掌握人际交往技能,学习交往策略,提升人际交往能力。

六、 家园合作中幼儿社会退缩行为的矫正

针对幼儿的社会退缩行为,教师与家长不仅要注意矫正幼儿的外显行为,还要重视幼儿心理健康,帮助幼儿转变观念,建立自信,习得适应环境的有效策略。

（一）幼儿园教师要采取多种措施矫正幼儿社会退缩行为

1. 包容接纳，给予有社会退缩行为的幼儿积极关注

幼儿都渴望得到教师的关注，对于得到教师关注的幼儿，其他幼儿也都会产生羡慕之情。对于有退缩行为的幼儿，教师不可忽视其存在，应通过关爱的眼神、关心的话语及轻拍、抚摸等肢体语言，与之保持亲密关系，让其体会到教师对他的重视，同时也让其他幼儿感受到教师对该幼儿的关注，从而产生与之交朋友的愿望。

2. 利用绘本，转变有社会退缩行为的幼儿不当观念

利用绘本中所蕴含的道理来影响退缩幼儿的认知水平，属于认知行为疗法。认知行为疗法是指通过改变个体的认知来改善当事人不良情绪和行为的心理治疗方法的总称。绘本是幼儿群体非常喜爱的读物，这类读物往往通过丰富的画面和简练的文字将故事中的角色关系、互动交流、矛盾冲突等呈现给幼儿，使幼儿在理解故事内容的基础上逐步积累自身的社会交往知识，进而形成自己的观点和行事方式。教师应针对幼儿的社会退缩行为特点精心选择绘本主题，如描述美好友谊的绘本《抱抱》《小老鼠和大鲸鱼》《你是我最好的朋友》，讲述遵守规则的重要性的绘本《规则》，讲述交往礼仪的绘本《请说"请"》等，均是很好的素材。欣赏故事内容的同时，还要通过问题引导幼儿主动参与讨论、踊跃发表观点，思考故事的内涵以获得人际交往方面的启发。

3. 利用游戏，让有社会退缩行为的幼儿体验与人交往的乐趣

游戏是幼儿的基本活动，所有的幼儿都喜欢玩游戏。克莱因（Klein）强调，游戏是幼儿自由表达其愿望的主要方式，也是幼儿表达其潜意识的幻想和探索外部世界的一种重要途径。[①] 通过游戏，幼儿的身体、智力、语言、情绪情感、想象力、创造力、社会性等都会得到发展，游戏就是幼儿最好的学习方式，同时幼儿的行为问题也能在游戏过程中得到矫正。许多研究者通过游戏干预的方式帮助幼儿矫正行为问题，均取得了显著效果。所以，在幼儿园中，教师可运用集体游戏让社会退缩幼儿在真实的生活和社会关系中，体会和大家一起玩的乐趣，与同伴加深了解、学会合作，并从想象和模仿中逐渐克服自我中心思维，形成正确的自我概念并学会关心他人，从而克服孤僻胆小，逐渐融入集体。

当然，游戏内容和形式的选择要有较强的针对性，如游戏内容要丰富、玩法要灵活，可从几人一组的模式发展到全班共同参与模式。此外，教师对幼儿在游戏中的表现不可急于求成，在游戏中为幼儿创设的社会交往情境的难度要随着游戏技能的发展而逐渐深入。如可从简单的娃娃家游戏开始，到小组的各类型角色游戏、表演游戏，再到角色游戏、表演游戏与班集体游戏穿插进行，慢慢过渡到班集体游戏活动和户外具有竞赛性质的体育游戏。如此，游戏中的社交难度逐渐增加，从而给幼儿的心理缓冲提供时间，使幼儿逐渐体会到与同伴交往的乐趣。

4. 积极评价、加以强化，帮助有社会退缩行为幼儿建立自信

幼儿还没有独立的自我评价，他们的自我评价常常依赖于成人对他们的评价，是成人评价的简单重复。幼儿园教师又是幼儿十分信赖和崇拜的人，所以对教师给予自己的评价，他们深信不疑。幼儿得到教师的正向积极评价越多，就越容易从肯定的方面看待自己，从而更加自信。反之，若得到的负面评价越多，越容易否定自我，产生自卑心理。所以教师要尽可能发现有社会退缩行为幼儿身上的闪光点，多给予其客观公正的正面评价，及时强化，并通过评价向幼儿提出合理的发展目标，使幼儿不断提升、进步。

5. 提供锻炼机会，提高有社会退缩行为的幼儿在同伴心中的地位

在一日生活中，教师应多为社会退缩幼儿提供展现自我能力和为集体服务的机会。如担任午餐汇

---

① 刘勇. 团体游戏治疗：借鉴与应用[J]. 华南师范大学学报（社会科学版），2004（2）：109—113.

报员、小值日生、主题活动汇报演出的小主持人、小组长、小班长等,一方面可以使其个人能力得到锻炼、增强自信,也能奠定他在同伴心中的地位,从而受到同伴的喜爱和尊重。

(二)在家园合作中矫正幼儿社会退缩行为

1. 引导家长认识社会退缩行为及其危害

幼儿园可通过家长会、家长学校、家园联系栏等方式,向家长普及幼儿社会退缩行为的基本知识,让家长认识到退缩行为的表现、成因、危害及其矫正方法。对于确有退缩行为的幼儿,教师应与其家长沟通,引起家长对孩子问题行为的重视。

2. 引导家长对孩子进行行为观察

教师可利用亲子活动、家长开放日的时机,引导家长对幼儿进行行为观察,如在集体活动或小组活动中,幼儿的情绪状态、独处的时间、参与集体活动的时间、在集体活动中承担了怎样的角色等,从而对幼儿退缩行为的表现和程度做初步了解。

3. 帮助家长转变教养方式

引导家长尽可能为幼儿提供完整的家庭结构,创造和谐、民主、温馨、和睦的家庭气氛,在家保持与幼儿园一致的教育原则和方法,如给予孩子积极关注和评价;尊重孩子的探索欲望,鼓励其认识和发现外界的新鲜事物;给予孩子一定的自主权,允许他做些力所能及的事情;为孩子创造与其他孩子游戏的机会;抽出时间与孩子共同阅读有助于培养幼儿人际交往能力的绘本故事等。教师还要注意给予家长一些方法、策略方面的指导,如游戏过程的引导方式、绘本讲述的重点技巧等,使家长易于理解,便于操作。

学练 结合

一、名词解释

幼儿社会退缩　焦虑退缩　自我效能感

二、简答

1. 幼儿社会退缩的成因有哪些?
2. 幼儿社会退缩行为对幼儿发展有哪些影响?
3. 如何在家园合作视角下矫正幼儿社会退缩行为?

三、材料分析

放学了,妈妈准备把小磊接回家。看到一群孩子正在幼儿园的室外玩耍区玩游戏,妈妈就对小磊说:"小磊,你也去和小朋友一起玩一会儿吧,然后我们再回家。"但是小磊躲到妈妈的身后,一直拽着妈妈的手说:"妈妈,我们回家吧!"不论妈妈怎么鼓励,小磊一直没有离开妈妈的身后,哭喊着要回家。

原来,小磊一直很孤僻,从来不喜欢和别的小朋友一起玩,快4岁了,都没有一个"志同道合"的好朋友。小磊的家人十分担心,长此以往,一定会给孩子带来更大的交往困难。

后来,妈妈就这个问题与幼儿园老师进行了沟通,希望老师帮助小磊摆脱目前交往的困境。老师知道后,有意识地开展各种集体活动,积极为小朋友们的交往搭建平台,提供交往的机会。过了一段时间,小磊逐渐融入到孩子群体中去了。

有一天放学后,老师留下了小磊和他的妈妈,把他们带到了室外玩耍区。一群小朋友正在开心地玩游戏,老师带着小磊走上前去,问:"小朋友们,让我和小磊一起参加你们的游戏好吗?"小朋友们异口同声地说:"好!可以!"老师和小磊很快加入到游戏队伍当中,一会儿就进入了角色。小磊累得满头大汗,但他也没有说累。老师看小磊已经融入到游戏中,就说:"小朋友们,你们玩吧,老师有点累了。"一直玩到天黑,小磊母子俩才回家,妈妈说:"今后还跟小朋友们玩吗?"小磊毫不犹豫地说:"玩!"

1. 试分析小磊的行为问题及教师的干预策略。

2. 针对小磊的行为问题,尝试给家长提出教育建议。

技能 训练

项目一

针对有社会退缩行为的幼儿,设计两个引导其参与同伴游戏的方案并提出详细的游戏指导建议。

项目二

设计一份《幼儿社会退缩行为之教师评价问卷》,供幼儿园教师评价本班有退缩行为倾向幼儿的退缩类型和退缩程度。

项目三

(情景表演)幼儿园教师向有退缩行为幼儿的家长阐述幼儿的社会退缩行为,并提出教育建议。

推荐 阅读

[1] 颜士梅.企业人力资源开发中的性别歧视问题研究[M].北京:科学出版社,2009.

[2] 叶平枝,张彩丽.幼儿社会退缩与好奇心的关系[J].学前教育研究,2009(5):37—40.

[3] 王金玲.幼儿退缩行为原因分析及对策[J].社会心理科学,2010(11—12):73—75.

[4] 赵一锦.幼儿社会退缩教育干预的多基线实验研究[D].广州大学,2016.

第二节 攻击性行为

目标导航

1. 了解幼儿攻击性行为的表现。

2. 分析幼儿攻击性行为的成因。

3. 了解幼儿攻击性行为对其生活、学习的影响。

4. 正确进行幼儿攻击性行为矫正的目标设定。

5. 理解并掌握在家园合作中幼儿攻击性行为的矫正策略。

情景 导入

丹丹3岁半,是个身形健壮的女孩,比同龄孩子个高、体胖。尤其值得一提的是:她仿佛浑身有用不完的力气,总是一种精力旺盛、无处发泄的状态。周日,爸爸妈妈带丹丹到小区的儿童游乐场玩,一群孩子正在欢快地玩着滑梯,丹丹的到来很快打破了这欢乐而平和的气氛。丹丹狂奔滑梯的楼梯台阶,快步向上冲着,一个年龄较小的女孩A正双手扶着两侧栏杆慢慢上着台阶,丹丹一把将小A的一只手抓起甩在一边,自己从A身边快速挤了过去。从滑道滑下来后,丹丹边跑边发出"啊,啊"的叫喊声,再次跑到滑梯的另一侧开始上台阶。她冲上台阶顶部时,另一个女孩B也刚刚在其前方到达顶部,丹丹嫌B挡了自己的路,从背后一把推倒了B,B突然被人推倒,身体的疼痛加上受到惊吓,哇哇大哭起来。双方家长都围了过来,纷纷劝说着自己的孩子,之后丹丹和B选择了不同的滑道继续玩滑梯。丹丹的妈妈有些担忧地说:"这孩子总爱跟小朋友们动手,这可怎么办啊?"爸爸却面露喜色地轻声跟妈妈说:"没事,这样咱孩子才厉害呢,将来不受人欺负。"

基本 理论

一、幼儿攻击性行为表述

(一)幼儿攻击性行为的概念

攻击性行为也称侵犯性行为,指有意伤害他人身体与精神的行为,可能表现为身体上的攻击,如拍、抓、掐、踢、吐、咬、毁坏和破坏等;也可能表现为言语上的攻击,如辱骂、说闲话等。在儿童时期,攻击性行为是反社会行为中最具代表性、最突出的一种行为。[1]

(二)幼儿攻击性行为的类型

贝约克基斯(Bjorkqvist,1992)根据攻击的形式和功能,将攻击性行为分为直接攻击和间接攻击。直接攻击包括通过打、踢、拧、推、抓、咬等方式对他人进行的身体攻击和通过骂、造谣、恐吓等方式进行的言语攻击。间接攻击是借助第三方实施的攻击。如向其他幼儿说一名幼儿的坏话,让其他幼儿都不喜欢这名幼儿,不跟他玩从而将这名幼儿排斥在集体之外,使之受到冷落。或者,教唆其他幼儿,打这名幼儿。美国心理学家哈吐普(Hartap,1974)根据攻击的目的和性质,将攻击性行为分为工具性攻击和敌意性攻击。工具性攻击是指儿童为了争夺物体、领土或权力而发生的身体上的冲突行为。这类攻击的实施者只是想保护那些他自认为属于自己的东西或得到他想要的东西。这里的"东西"可能是某种玩具,可能是某个空间的使用权,可能是群体中的某种权利,亦可能是看到某些幼儿违反规则想要伸张正义等。这类攻击行为虽然给被攻击者带来了伤害,但其目的并不是给其造成身心伤害。只是为了达到伤害以外的其他目的而采用的一种手段。敌意性攻击则不同,这类攻击是有目的的,行为的实施者就是为了打击和伤害他人。具体而言,可能是为了报复先前他人给自己的侮辱或伤害,也可能只是做他们想做的事,而使别人受到伤害。当他们看到别人身体或心理受到伤害后,会体验到满足感。

---

① 蒋俊梅.儿童攻击性行为的影响因素及矫正[J].教育探索,2002(8):71—73.

（三）幼儿攻击性行为的发展特点

不同年龄段的儿童，由于其社会性发展水平不同，其攻击性行为也会表现出不同的特点和类型。从攻击性行为的起因来看，婴儿和幼儿早期（约小班阶段）的攻击性行为主要是由于争夺物品或空间使用权而引起的。随着年龄的增长，到幼儿中期和晚期，由具有社会意义的事件而引起的攻击性行为逐渐增多。从攻击性行为的类型来看，婴儿和幼儿早期的孩子主要采用工具性攻击，目的是为了争夺玩具和其他物品。随着年龄增长，幼儿中期和晚期的孩子主要采用敌意性攻击，攻击行为主要由行为规范等社会性问题引起。从攻击性行为的表现方式来看，婴儿更多地使用身体上的攻击，幼儿期身体攻击逐渐减少，言语攻击所占比重逐渐加大。从性别差异来看，男孩的身体攻击、言语攻击和敌意攻击行为出现频率均高于女孩，且男孩尤其倾向于使用身体攻击。Hay 等的研究表明：攻击性行为的性别差异在出生时就已初步显现，6 个月的男婴比同龄女婴更具有攻击性。单纯从年龄差异来看，幼儿在 4 岁时攻击性行为出现频率最高，4 岁幼儿与 3 岁幼儿的攻击性水平具有显著差异。[1]

二、攻击性行为对幼儿的影响

（一）发展为攻击性人格

幼年时期的攻击性行为若未得到及时纠正，可能发展成为幼儿顽固的行为习惯，甚至逐渐形成攻击性人格，为日后的人际交往和社会适应留下隐患，成为幼儿社会化失败的重要指标。更有甚者，可能会走上犯罪的道路。研究表明：成人期的犯罪与幼儿期的攻击性行为有密切的关系。心理学家韦斯特经过 14 年的追踪研究发现，70%的少年犯在 13 岁就被认定具有攻击性行为，48%的少年犯在 9 岁就被认定具有攻击性行为，而且幼儿期攻击性水平越高，犯罪的可能性也越高。[2]

（二）影响幼儿的人际交往、学习和生活

大量研究表明，有攻击性行为的幼儿，同伴关系一般较差。因为他们总是使用令人厌恶甚至恐惧的打人、骂人等方式来对待同伴，使得大多数同龄幼儿对他们谈之色变，避而远之。甚至有些家长知道了班里存在有攻击性行为的幼儿，也会专门嘱咐自己的孩子离他们远些，不要去"招惹"他们，免得"惹祸上身"。如此，有攻击性行为的幼儿在同伴群体中其实是被孤立的个体，他们内心孤独，渴望与同伴交往，又不知如何才能获得同伴的接纳，这对其人际交往能力的发展、学习和生活均带来了连锁性的负面影响。

（三）扰乱班级正常的教育工作秩序

有攻击性行为的幼儿常常在班里"惹是生非"，教师不得不花费大量的时间和精力来解决由此产生的各种矛盾，扰乱甚至破坏了班级正常的活动秩序。一些被攻击、受欺负的幼儿，常常会产生恐惧心理，甚至因此而不愿来幼儿园，这又为教师的工作增加了诸多难题。

三、幼儿攻击性行为的成因分析

（一）个体生理因素

儿童攻击性行为的产生有一定的生物学因素。可以说，个体生理因素为攻击性行为的产生提供了

---

① 解男.父母教养方式、自我控制与幼儿攻击性行为的关系研究[D].鞍山师范学院，2015.
② 蒋俊梅.儿童攻击性行为的影响因素及矫正[J].教育探索，2002(8)：71—73.

物质前提。

1. 攻击性行为产生有一定的神经心理学基础

我国学者张倩对有攻击性行为儿童大脑两半球的认知活动特点进行研究后发现，与普通儿童相比，攻击性行为儿童大脑两半球的均衡性较低，大脑左半球抗干扰能力较差，右半球完形认知能力较弱。

2. 攻击性行为产生可能与激素水平及染色体异常有关

研究表明，攻击性行为倾向与雄性激素密切相关，男女儿童之间攻击性行为的明显差异就是受到了性激素水平的影响。此外，荷兰和美国科学家研究发现，人类的攻击性行为倾向可能是由于遗传中某种微小的基因缺陷而引起。如，XYY染色体的人，多余的Y染色体可刺激肾上腺分泌大量肾上腺素，并导致男性荷尔蒙过高，表现为性欲强烈、性格暴躁、难以自制、具有攻击性。[①]

3. 幼儿期攻击性行为的产生可能与神经系统发育不完善有关

幼儿身心发展还很不完善，大脑皮层的神经细胞兴奋强于抑制，所以控制能力较差。加之其性情活泼、好奇心强，易出现攻击性行为。

（二）家庭影响因素

家庭中，父母对孩子消极的教养态度和抚养方式可能导致幼儿的攻击性行为。在四种典型的家庭教养方式中，专制型、溺爱型和忽视型教养方式均与幼儿的攻击行为有关。在专制型教养方式下，父母过分控制幼儿的自主性，教育方法简单、粗暴，强行压服，幼儿的基本需要无法得到满足，幼儿会朝着两个极端发展：可能会变得胆小、怯懦、退缩，还可能产生强烈逆反心理及与父母对抗的倾向。对于产生对抗倾向的幼儿，父母的惩罚、打骂行为无疑是给了孩子一定的心理暗示："当别人让你不满意的时候，你可以这样对待他。"所以，常常靠体罚和责骂来约束孩子的父母，他们的孩子在家庭之外要么退缩胆小，要么具有攻击性和强侵犯性。在溺爱型教养方式下，父母对孩子无原则地迁就，完全放弃对孩子的限制，可能会使幼儿因依赖性强、独立性差而产生退缩行为，也可能会使其利己排他行为滋长，任性蛮横、强占霸道，一旦他们的某种需要受到限制，就会大哭大闹，以反抗甚至攻击来达到目的。在忽视型教养方式下，父母对孩子漠不关心，忽视孩子的心理及物质需求，对孩子的言行、人际交往等缺少管理和监控，这些孩子容易在懵懂的少年时期因交友不慎使得自己的攻击性人格遇到合适的土壤而走上违法犯罪的道路。通过对少年犯的家庭背景调查发现，他们的父母对孩子平日的行踪、与什么人交往、在做些什么事情等一无所知且漠不关心，这是导致孩子监管失控的主要原因。

此外，家长在幼儿人际交往策略方面的一些不当引导，也可能导致攻击性行为的产生。例如，有的家长害怕自己的孩子在幼儿园"吃亏"，就教育孩子："在班里，谁敢欺负你，你就打他。"幼儿误以为打骂别人是理所应当的，便总是选择使用攻击的方式来解决同伴间的矛盾与冲突。

（三）个体心理发展水平因素

1. 自我中心倾向

处于幼儿期的孩子，社会性快速发展，他们渴望与同伴交往和游戏，同伴间的互动交流十分频繁。同时，其认知能力又处于自我中心阶段，常常从自己的角度出发来认识问题，而不能站在别人的立场上考虑问题，更难以做到移情。如此，交往中就不免会产生许多矛盾。加之社交经验和技能的匮乏，导致这类幼儿在面对矛盾时往往采用不合理的方式解决。自我中心倾向越严重、移情水平越低的幼儿，越容易曲解他人的意图，也越容易出现攻击性行为。

---

① 葛鹏. 幼儿攻击性行为的成因剖析与矫正策略[J]. 宁波教育学院学报，2015，17（2）：101—111.

2. 敌意归因

归因是人们对他人或自己行为原因的推论过程。敌意归因是指人们将对方行为的意图视为不怀善意。国内外研究表明,人的社会认知,特别是对他人行为意图的认知,对人攻击性行为的产生具有决定性作用。幼儿如果把自己所面临的消极后果归因为同伴有意造成的,他一般就会倾向于对同伴做出报复性的攻击行为;反之,如果他认为同伴是由于意外或出于善意的动机而给他造成的消极后果,他一般倾向于不采取攻击性行为。

3. 情绪控制能力较差

幼儿在情绪方面的发展具有易外露、不稳定、易受感染等特点,行为受情绪影响较大,易冲动、发怒,自我控制能力较差,这些因素也容易导致幼儿因难以控制愤怒情绪而产生攻击性行为。

(四) 幼儿园教育因素

1. 教师的教育观念和教育行为

教师在班级管理中的错误教育观念和不当教育言行,都会引发幼儿的攻击性行为。例如,有的教师在安排教育活动和游戏活动时,没有预先向幼儿提出明确的活动要求和规则,导致幼儿之间因规则不清产生矛盾,进而出现攻击性行为;有的教师对班里幼儿的攻击性行为过分关注,而较少关注或没有及时鼓励幼儿的合作、谦让等亲社会行为,会使幼儿错误地认为只有做出攻击性行为,才能获得老师的关注,这就使得幼儿的攻击性行为得到了负强化;有的教师给有攻击性行为的幼儿贴上了"爱打人""坏孩子"的标签,其他幼儿在与这名幼儿的交往中也往往带着"他是个坏孩子"的偏见,使得这名幼儿常常感受到来自教师和同伴的敌意,而不是温暖的接纳,由此带来的消极情绪易引发和助长他更多的攻击性行为。

2. 不合理的空间密度和材料配置

活动室的空间密度是指幼儿人均占有的活动室面积,是表示室内拥挤程度的指标。20 世纪 80 年代,史密斯(P. K. Smith)和科纳利(K. J. Connolly)的研究发现,人均空间密度在 2.32～7.0 平方米之间时,幼儿会表现出良好的游戏行为。若小于 2.32 平方米,则室内过于拥挤、繁杂,幼儿间易发生打架、破坏玩具等攻击性行为。若大于 7.0 平方米,则室内过于空旷,幼儿之间的合作行为会逐渐减少,粗大动作有所增加。

此外,幼儿对活动材料和玩具表现出极强的占有欲,如果在区域活动或户外活动中,活动材料和玩具数量较少或玩具种类搭配不合理,极易导致幼儿间因争抢玩具而发生矛盾与冲突。

(五) 大众传媒因素

大众传媒中的争斗、暴力内容,给幼儿提供了攻击性行为的样板。20 世纪 60 年代,美国心理学家班杜拉等人对电视中的暴力镜头对儿童行为的影响做了研究,研究表明儿童对暴力镜头的模仿具有极大的倾向性,通过观看电影或电视上的暴力行为,即使年幼的儿童也会习得攻击他人的种种方式。在现代社会,随着电视、电脑普遍进入家庭,这些传播媒介成为人们获取信息的重要渠道,也成了儿童观察和学习社会的重要课堂,儿童从大众传媒中所感知到的一切都将以直接或间接的方式转化为他们的日常言行。然而,在这些媒体中,打斗、凶杀等成人节目不断地影响着幼儿,即使是专门为幼儿设计的动画片和游戏,也常常带有浓厚的暴力色彩,不合时宜地宣扬着武力、战争、称霸宇宙等观念。例如,时下孩子们非常着迷的动画片《奥特曼》及其姊妹片《迪迦奥特曼》《铠甲勇士》等,充满了血腥、暴力的镜头以及以暴制暴的思想,很多幼儿观看后在家庭及班里模仿做出各种打斗动作,甚至嘴里还念念有词:"我打!我打!"并且,幼儿在真实的矛盾情景中,模仿使用暴力的方式去解决问题,也大大增强了攻击性。

四、 教师和家长面对幼儿社会退缩行为的常见错误做法

（一）幼儿家长的错误做法

1. 忽视

有些家长简单地将幼儿的攻击性行为视作"爱打架""不识逗"，对幼儿攻击性行为产生的原因、对幼儿自身及对其他幼儿的发展产生的负面影响等从未有认真地思考过。也有些家长，思考了孩子产生攻击性行为的原因，但得出了错误的结论。如有的父亲将成因仅仅归结为遗传："我小时候也是这样，所以孩子爱打人可能是遗传吧，长大了就好了。我现在不就很好吗?"这两类家长认识到了幼儿攻击性行为是问题行为，但由于错误归因甚至不去思考成因，而对孩子的行为采取了忽视态度，即使偶尔干预，由于方法走偏也收效甚微，以为随着孩子年龄增长这种现象会自然消失。

2. 以暴制暴

有些家长发现孩子有攻击性行为，在说理无效的情况下，束手无策，便采用打骂的方式，希望"以暴制暴"可以见效。殊不知，这恰恰给孩子提供了学习的"范本"，让孩子认为暴力是解决问题的有效方法，反而使孩子的攻击性问题更加严重。

3. 纵容甚至鼓励

有些家长担心自己的孩子在幼儿园集体生活中吃亏，被其他幼儿"欺负"，便时常有意识地示意幼儿通过武力解决问题，对幼儿的发展产生了负面影响。有的家长对孩子的攻击性行为存在错误的认识，将这种特点视作孩子的闪光点，因孩子的霸道行为感到骄傲与欣慰，认为只要自己的孩子不是被"欺负"的一方就好，认为自己的孩子"如此厉害""打遍天下无敌手"，这样无论在任何环境中都能"不吃亏""不挨欺负"。所以对孩子的攻击性行为有意或无意地采取了纵容甚至鼓励的态度，使得孩子是非观念颠倒，攻击性行为便日渐加重了。

（二）幼儿园教师的不当做法

1. 对幼儿"见招拆招"，没有系统化干预策略

部分教师只是在幼儿出现攻击性行为、引发了幼儿间人际矛盾时，才出面进行干预。大多数时候，教师的干预方法主要以说理、训斥甚至打骂为主，收效甚微。教师深层次探寻攻击性行为产生原因的意识缺失，也较少从家园合作的角度制定并执行系统化干预策略。

2. 对家长多指责，少引导

部分幼儿园教师一味地将幼儿出现攻击性行为的责任全部推给家长，把矫正的任务也一并推给家长。在家长面前扮演了一个"告状者"的角色，没有发挥作为幼教专业人士的引导作用。

五、 家园合作视角下对幼儿攻击性行为引导的目标设定

（一）增强移情能力

美国心理学家铁钦纳(Titchener)在 1909 年最早提出了移情的概念，他将人不仅能看到他人的情感，也能用心灵感受到他人的情感的情形称为移情。已有研究结果显示：移情能力越高，攻击性行为出现频率越低。美国加利福尼亚大学的费舍贝赤(Feshbach)教授发现，6～7 岁儿童中移情得分较低的比移情得分较高的表现出更多的攻击性。Strayer 和 Roberts 对 5 岁儿童的研究也得出了相似的结论。①

---

① 马丹. 移情训练对幼儿攻击行为的干预研究[D]. 河南大学,2015.

具有攻击性行为的幼儿,知道如何去伤害别人,如何选择逃跑的机会,能认识到自己行为的后果,但却偏偏难以自控地或者干脆就是喜欢给别人造成痛苦,一个重要原因就是他没能体会到对方的痛苦,即缺乏移情能力。所以,要减少幼儿的攻击性行为还需提高其移情能力。

(二) 提高自我控制能力

前文中已对幼儿易冲动、易外露、易发怒的情绪特点做了详细分析,可以说愤怒情绪往往是点燃幼儿攻击性行为的导火线。所以,教师与家长还需引导幼儿在遇到使自己感到愤怒的情况时尽量避免冲动,应有意识地控制自己的不良情绪,提高自我控制能力。

(三) 掌握人际交往技能

人际交往技能的缺乏导致幼儿在同伴间的矛盾情境中不知如何采取合理的方式化解矛盾,便在愤怒情绪下采取了直接的打、骂等攻击性方式。所以,对攻击性行为幼儿的矫正目标,还应包括引导其学会与同伴交往的策略和处理矛盾的方法。

六、 家园合作中幼儿攻击性行为的矫正

(一) 幼儿园教师要采取多种措施矫正幼儿攻击性行为

1. 创设良好的物质环境

教师应为幼儿提供足够大的活动空间,以减少因空间狭小带来的各种摩擦;提供数量充足的玩具,避免因争抢玩具而引发冲突。此外,提供的玩具材料要避免带有攻击性质,如玩具枪、剑等,因这些材料本身就容易催生出幼儿的攻击性行为。

2. 通过游戏帮助幼儿提高移情能力,掌握解决人际冲突的策略

游戏是幼儿的基本活动,集体游戏需要很多幼儿共同完成,这就为幼儿提供了同伴间交往交流的机会,有助于幼儿在交往中学会与人协作、正确竞争、适当忍让等交往策略。

在各类游戏中,教师可重点使用装扮游戏,将移情训练和榜样示范相结合,蕴含于装扮游戏中,让幼儿在感同身受和模仿学习中矫正攻击性行为。我国学者李清、王晓辰、程利国、郑日昌等利用这种方法矫正幼儿的攻击性行为,取得了显著的效果。他们设计了"宽容的小白兔""受惩罚的大灰狼""我们还是好朋友""流氓兔不再欺负人"等8个装扮游戏,八个游戏均将移情训练和榜样学习融合在一起,让幼儿在装扮这些游戏角色的过程中体验被攻击者的痛苦,并从中学会恰当处理冲突的方式。如在游戏"宽容的小白兔"中,教师让有攻击性行为的幼儿扮演被小猴子欺负的小白兔,扮演小猴子的幼儿根据游戏内容做出各种攻击性行为表现(抢萝卜、推搡、从树上扔小石子等),其他的幼儿则扮演游戏中其他小动物,在冲突中起不同的作用(有的嘲讽、有的表示同情、有的热心相助)。游戏中,扮演小白兔的幼儿要表现出受欺负时的难过以及最后的宽容。在这个游戏中,扮演小白兔的原来有攻击性行为的幼儿,既体会到了被攻击时的感受,达到了移情训练的效果,也从自己扮演的角色中学习到了正确处理矛盾的方式,发挥了榜样学习的作用。此方法中,装扮游戏情节的选择和设计尤为关键,教师要选择适合幼儿年龄特点和认知水平的故事情节,并将移情训练和榜样学习融于一体。

3. 忽视攻击性行为并鼓励幼儿的亲社会行为

有些幼儿将攻击性行为作为引起教师注意的手段,对于这类幼儿,教师要做的就是对其攻击性行为不予理睬,使之意识到这种方法是达不到目的的。教师要对其出现的亲社会行为,如礼貌待人、友好合作等,马上予以积极关注,并给予表扬甚至奖励。这样,幼儿的攻击性行为就会逐渐减少,亲社会行为会

逐渐增加。

4. 重视教学活动中的"人际交往"主题

在教学活动中帮助幼儿掌握一定的人际交往技能，是一种省时高效的教育途径。人际交往类的教育活动，主要目的就是帮助学前儿童掌握一定的人际交往技能，而如果幼儿只是记住了教师介绍的人际交往技巧，而不会运用是没有意义的。所以，这类教学活动，一定要注重幼儿的积极参与、主动思考和亲身体验，避免机械空谈交往的大道理。活动中，可以通过图片、视频、讲述等方式呈现交往故事或幼儿之间真实的交往案例，引导幼儿自己总结出交往技能。如教师请幼儿观看短片：小 A 正在建构区里搭积木，小 B 经过时，不小心踢倒了小 A 的作品，小 A 十分愤怒，推倒了小 B。之后请幼儿讨论：短片中小朋友的做法对吗？小 B 怎样做才能不碰倒小 A 的积木？小 A 的积木被小 B 碰倒了就去推小 B，这样做对吗？应该怎样做？待幼儿了解交往技能后，可采用角色扮演法，设计一些需要运用交往技巧的情境，让幼儿分组表演从而达到巩固所学技能的目的。如此，幼儿通过教学活动获得人际交往技能，克服攻击性行为才富有实效性。

5. 引导幼儿合理宣泄攻击性情绪

精神分析学家弗洛伊德大力推崇精神宣泄法，他认为应鼓励人们不时地表现他们的攻击性冲动，否则这种冲动积聚到一定水平就会爆发暴力性发泄。所以，只有让个体把受挫时的不良情绪发泄出来，才能抑制攻击行为，恢复理智状态。针对有攻击性行为的幼儿，教师应教会他们一些宣泄自己不良情绪的合理方法：(1)学会倾诉。引导幼儿学会向家长、老师和小朋友倾诉自己内心的感受和想法，使消极情绪得以宣泄。(2)学会转移。即给愤怒情绪找一个合适的转移和发泄途径，如打沙袋、搭好积木后全部推倒、绘画等，使攻击性情绪得到转移和发泄，使攻击性行为不再发生。

（二）在家园合作中矫正幼儿攻击性行为

1. 引导家长转变教养方式

教师可通过家长会、家长学校、有重点的个别交谈等方式，让家长意识到，专制型、溺爱型、忽视型的家庭教养方式不利于幼儿发展。在这三种教养方式下，家长对孩子的教育方式或者简单粗暴，经常打骂；或者处处顺着孩子的心意，无条件满足；或者放任自流，不闻不问，都会引起孩子在行为及情绪上的各种问题，甚至会导致成人后的犯罪行为或精神性行为异常。所以，家有攻击性行为幼儿，父母首先应检讨自己的言行举止，转变教养思路，采用民主型教养方式，尊重孩子的人格尊严，加强与孩子的心灵沟通。如在发现孩子的攻击性行为时，不是粗暴打骂、欢喜鼓励或者不闻不问，而是保持冷静，耐心倾听孩子的解释，了解孩子的真实想法，让孩子感到来自父母的接纳和尊重，在此基础上给予孩子适当引导，孩子也更愿意接受。而这种教养方式本身也是一种榜样的作用，幼儿也能从自己的家长身上习得接纳别人、宽容别人的素质，而非凡事诉诸武力。

2. 引导家长通过游戏矫正幼儿的行为

与家长沟通游戏的教育价值，鼓励家长在家也借助游戏的方式矫正幼儿的攻击性行为。如与孩子一同玩装扮游戏，培养孩子的移情能力；引导孩子多玩控制类游戏，如搭积木、拼图、多米诺骨牌、走独木桥等，培养孩子的自我控制能力等。

3. 使家长有意识地干预大众传媒对幼儿产生的影响作用

大众传媒是把双刃剑，既帮助幼儿认识了广阔的世界，也潜藏着诸多不利幼儿成长的因素。所以对于幼儿接触的电视节目和网络游戏等，家长一定要勤审查、严把关，不能把电视或手机当作"保姆"，而自己在一旁高枕无忧。家长应为孩子精心选择一些富有教育意义的动画片或儿童游戏，杜绝血腥、暴力内容对孩子的侵害。当然，有些电视节目有着正能量的主题，但是里面难以避免地出现暴力情节，也不必一定将暴力情节视为洪水猛兽,只要家长合理引导,就能使这类镜头对孩子的负面影响发生扭转。如当前孩子们非常喜欢的动画片《猪猪侠》《巴啦啦小魔仙》等,猪猪侠要攻打毁灭地球的怪兽,小魔仙要攻打毁坏彩灵堡的黑咒魔王等妖怪,所以动画中一定有打斗等暴力镜头的出现。幼儿由于社会经验少,认知能力有限,只能看到表面的打斗场景,无从理解其蕴含的英雄主义精神,就易陷于对打斗动作的肤浅模仿中。如果家长能恰当地解释和评价这些动画节目的情节和人物形象,就能使幼儿摆脱肤浅认识,培养伸张正义、勇敢无畏的英雄主义精神。家长不要将动画片或儿童游戏视作与己无关的内容,而要及时了解孩子当前喜爱的媒体主题,多与孩子就其中的内容展开交谈,如此才能洞察孩子的思想动态,并用自己的思想和观点去引导孩子,以强化大众传媒的正面影响,减少负面影响。

学练 结合

一、名词解释

攻击性行为　直接攻击　工具性攻击　敌意归因

二、简答

1. 幼儿攻击性行为的成因有哪些?

2. 幼儿攻击性行为有哪些负面影响?

3. 如何在家园合作视角下矫正幼儿的攻击性行为?

4. 对有攻击性行为的幼儿进行行为矫正的目标是什么?

三、材料分析

豪豪上中班,是个喜欢用"武力"解决矛盾的孩子。

事件一

一天,豪豪和洋洋正在玩积木,洋洋拿了一根豪豪暂时不用的长棒。豪豪一见便迅速抢回,还狠狠地打了一下洋洋的手,吼道:"不许拿我的!"

事件二

一天早晨入园时,豪豪一脸的不高兴,爸爸拉着豪豪说:"跟老师说早上好呀。"豪豪不乐意地转过身去,还推着爸爸往外走。僵持间,豪豪突然用手拍打爸爸,还喊着:"打死爸爸,我要打死爸爸。"原来,今天是玩具分享日,豪豪带来了自己心爱的玩具小火车要和小朋友分享,但是爸爸由于又要送孩子又要上班,早晨出门太急,只给他带了几节车厢,忘记给他带火车头了,豪豪便不依不饶,无法原谅爸爸,甚至对爸爸拳打脚踢。

(摘自:刘小华.家园合作矫正幼儿攻击性行为的探讨[J].科学大众·科学教育,2014(3).有改动。)

1. 如果你是老师,你将如何在现场对豪豪的行为进行干预?

2. 针对豪豪的行为问题,请尝试给家长提出教育建议。

技能 训练

项目一

针对有攻击性行为的幼儿,设计两个引导其进行换位思考的装扮游戏方案,并提出详细的游戏指导建议。

项目二

设计一个以"克服攻击行为,学会友好相处"为主题的社会领域教育活动,并写出详细教案。

项目三

(情景表演)幼儿教师向家长阐述幼儿的攻击性行为,并提出教育建议。

推荐 阅读

[1] 张明红.学前儿童社会教育[M].上海:华东师范大学出版社,2007.

[2] 葛鹏.幼儿攻击性行为的成因剖析与矫正策略[J].宁波教育学院学报,2015,17(2):101—111.

[3] 马丹.移情训练对幼儿攻击行为的干预研究[D].河南大学,2015.

[4] 叶平枝.幼儿攻击性行为游戏矫正的倒返设计研究[J].中国临床心理学杂志,2003,11(1):15—17.

[5] 吴霞波.幼儿攻击性行为的成因及矫正策略[J].学前教育研究,2008(9):65.

[6] 李清,王晓辰,程利国,郑日昌.幼儿攻击性行为装扮游戏矫正的多基线实验研究[J].中国心理卫生杂志,2008,22(3):175—178.

第三节 不会分享

目标导航

1. 理解分享行为的含义。
2. 了解幼儿不会或不愿分享的表现。
3. 分析幼儿不会或不愿分享的成因。
4. 了解幼儿不会或不愿分享对其生活、学习的影响。
5. 理解并掌握在家园合作中培养幼儿分享意识和分享行为的策略。

情景 导入

主题活动"室外运动会"正在大二班如火如荼地开展着,教师号召小朋友把家里跟本主题相关的图书带到班级图书角与小朋友分享,并告知幼儿主题活动结束后,还会让大家把自己的书带回。婷婷家没有相关的图书,但妈妈想利用这次机会培养婷婷善于分享的好品质,于是在和婷婷商量后,专门为她购买了一本新书《运动安全我知道》,用于和小朋友们分享阅读。然而新书买来后,婷婷表现得爱不释手,每天都让妈妈讲里面的小故事,绝口不提带到幼儿园的事。三天后,妈妈说:"婷婷,明天去幼儿园,把书带到班里和小朋友分享吧。"婷婷面露难色,扭捏半天后,勉强答应了。第二天入园后,婷婷抱着这本书,仿佛下了很大决心般地把书放进了班级图书角。妈妈觉得很是欣慰。

然而,一周后,事态突然逆转。婷婷每天回家后都央求妈妈,帮她把书要回来,说是不想让小朋友看了。妈妈一番劝说后,她仿佛又下定决心,继续把书留在班里。可是她的想法每天都会反复,终于在一天爆发了:婷婷一早起来就嚎啕大哭,要求妈妈或奶奶今天必须把书帮她要回来。妈妈照例又是一番劝说,但丝毫没有作用。一旁的奶奶见状说:"今天跟老师说,把书要回来吧,小朋友们都看,万一把我们婷婷的书撕了、折了的,我们婷婷该多伤心啊!"

妈妈无奈地摇摇头,只好在主题活动还没结束时,就拿回了婷婷的书。

基本 理论

一、幼儿分享行为表述

(一)幼儿分享行为的概念

幼儿分享行为是幼儿亲社会行为的一种重要表现形式。关于分享行为的概念目前没有明确定义,不同的学者给出了不同的表述。如王海梅、陈会昌等(2004)认为,分享是个体自愿的、以利他为目的的一种亲社会行为。但菲、刘彦华(2008)认为,幼儿的分享行为就是幼儿能够与他人共同分享玩具、食物等。牛婉羽(2016)认为,分享行为是幼儿自愿地能够与其他小朋友共同分享玩具、食物的一种亲社会行为。

综上所述,将分享行为定义为:在没有明显个人利益获得的情况下,幼儿与他人共同享用某种资源的行为。研究发现,年龄对幼儿的分享行为有显著影响,随着年龄增长,幼儿的分享行为出现频率越高且越具有利他性。所以大班幼儿分享行为出现频率显著高于小班和中班幼儿。此外,分享行为在男女孩之间无显著差异,但在分享对象性别不同时,幼儿针对不同性别的分享对象表现出的分享行为具有显著差异,男孩女孩都倾向于分更多给同性别的小朋友。

(二)幼儿缺乏分享意识和分享行为的表现

调查结果发现:不愿与别人分享自己物品(如食物、玩具等)的幼儿能达到七成以上。他们缺乏分享意识与行为,具体体现在以下四个方面。

1. 独占资源

部分幼儿无论在家、幼儿园还是公共游乐场所等,总想独自一人占有自己喜欢的玩具、材料,根本不会想到其他小朋友也想玩。或者,发现其他小朋友也想玩后,也不肯做出礼让,体会不到自己独占玩具材料给其他小朋友带来的心理感受。甚至有时,幼儿独占很多材料,但事实上他并不需要这么多,而他仍不愿与同伴分享。

2. 分享行为不稳定,以条件为前提

许多幼儿虽然做出了分享行为,但是其分享的想法并不纯粹,是建立在双方各取所需、等价交换的基础上的,以条件为前提。他们做出所谓"分享"玩具的行为,是因为他们认为通过交换玩具可以满足自己玩别人玩具的愿望,一旦这个玩具并不是他所喜欢的,或者对方幼儿没有玩具可以与他交换,他就不愿意"分享"了。

3. 分享意识带有"利己主义"的功利性

部分幼儿的分享行为带有明显的"利己主义"色彩,功利性十足。如把玩具与同伴分享,是为了事后得到老师的表扬或物质奖励;把好吃的食物分给同伴,是因为担心如果不这样做,同伴就不跟他玩了或者是因为这个食物不好吃,想以此交换对方带来的食物。他们所谓的"分享"行为,就是为了自己的付出能得到期盼的回报,动机完全背离分享行为本身所蕴含的意义。

4. 言行不一

这类幼儿,虽有分享意识,但言行不一。他们经过教师和家长的引导后,具有了初步的分享意识,但在实际的交往情境中,却不能做出分享行为。如两名幼儿因为抢夺一个玩具而发生了争执,两人都抓紧玩具不肯放手。这时教师走过来问他们:"当两个小朋友都想玩同一个玩具时,应该怎么办?"他们都能说出:"一起玩。"但在实际的同伴交往中,却又忘记了分享。还有些幼儿,体会了分享的乐趣,愿意与人分享,但常常是乐意接受别人的东西,却不愿意将自己的东西与别人分享。

二、 不会或不愿分享对幼儿的影响

(一) 形成自我中心甚至自私霸道的性格特点

不会分享,表现出强烈独占倾向的幼儿大多性格孤僻,不会与同伴相处,处处以自我为中心。若不加以引导,可能形成自私霸道的性格特点。

(二) 不利于社会交往能力和语言能力的发展

随着社会性的提高,中大班幼儿在交友方面逐渐显现出一定的偏好和稳定性,他们喜欢跟那些与自己"志同道合"的伙伴成为朋友,且在这个小的朋友圈子里,共同分享美好的事物、美好的情感等,分享给友谊增添了色彩,也成了维护友谊的重要因素。而不会分享的孩子,相当于在其人格魅力中,缺失了赢得友谊和维护友谊的一个重要方面,不仅不易获得同伴的喜爱,还可能被排斥于群体之外,不利于幼儿社会交往能力的提高。交不到同龄朋友,自然在很大程度上丧失了同龄人间交流的语言环境,不利于幼儿语言能力的发展。

三、 幼儿不会或不愿分享的成因分析

(一) 个体因素

1. 认知发展水平低下

幼儿分享观念的形成受其认知和道德发展水平的影响。幼儿期的孩子虽然身心发展迅速,对一切新鲜事物表现出强烈的好奇心和求知欲,但是其认知水平和道德水平还比较低,处在"自我中心"阶段,凡事往往以自我的需求为标准,不能真正理解"分享能让自己和同伴感到快乐"这个抽象的概念。曾英等曾在幼儿中间展开调研,他们根据幼儿的实际生活设计了几个类似情境,从幼儿的反应中洞察其分享观念的发展情况。如"妈妈给你买了一本新书,小朋友没有,你能给他们看吗",对于这样的问题,近四成幼儿回答"不"的理由是一致的,那就是"这是我的""这是我妈妈给我买的""那让他的妈妈给他买一个嘛"。

年龄越小的幼儿,其"自我中心"倾向越严重,共情的能力越弱,也就越缺乏分享意识。大班阶段,幼儿的思维发展水平逐渐进入了去自我中心阶段,认知能力和社会性发展水平越来越高,就会促进幼儿分享行为的发展。

2. 缺乏分享技能

幼儿年龄小,社会经验少,缺乏人际交往策略,其中一个重要表现就是缺乏分享的技能。有的幼儿并不排斥与人分享玩具、材料等,但在某些情境下,不知道如何与人分享。如一名幼儿没有与同伴分享机器人玩具的理由是:"我只有一个机器人玩具,他们都想玩儿,我不知道给谁。"

(二) 家庭影响因素

1. 家长自身不愿分享的观念

有些幼儿的父母或祖辈封建思想严重,利己主义明显,自身没有与人共享自己资源的胸襟,利他主义削弱,一味索取,不讲奉献,体会不到把自己的快乐分给别人的愉悦和幸福感,并将这种观念直接或间接地传递给了孩子。如有的幼儿不愿与小朋友分享自己的图书,是因为怕分享后被妈妈责备;有的幼儿不愿和小朋友分享自己的玩具,是因为爷爷悄悄告诉过他,要保护好这个玩具,不能让别的孩子玩儿,不然玩坏了就不给他买玩具了。

还有些家长,在对待分享问题上有严重的功利主义色彩,习惯用自己的价值观对孩子的分享行为做出判断和评价。如一幼儿把山竹分给小伙伴吃,小伙伴把苹果分给该幼儿吃。可是这名幼儿的家长事后却如此"教育"孩子:"山竹多贵?苹果多便宜?你用山竹换苹果太吃亏了。以后不要做这样的傻事了!"孩子毫无利益纠葛的一次美好的分享经历,就这样被家长导向了严重的"功利主义"方向。这样的思想灌输,必将把孩子的分享行为导向"利己主义",甚至使孩子拒绝分享。

2. 家庭结构和家长教养方式

20世纪80年代,计划生育政策的实施使得我国的家庭结构逐渐发生了变化,形成了"4+2+1"的模式。家长易出现对孩子过分溺爱的教养方式。一个孩子集万千宠爱于一身,又缺乏与兄弟姐妹一起生活、相互关爱和谦让的经历,易养成独占的习惯,不利于分享意识和行为的养成。如今随着国家二孩政策的放开,让孩子拥有一个兄弟姐妹,将成为父母送给孩子们的珍贵礼物。与兄弟姐妹相处的经历,也将在一定程度上帮助幼儿克服自我中心倾向。但如果家长教养方式没有改变,依旧是溺爱型,或者教育观念没有变化,依旧给孩子传递狭隘的"利己主义"思想,那么仅靠家庭结构变化给幼儿带来的正面影响是微乎其微的。研究表明,民主型教养方式能显著正向预测幼儿的分享行为,且在这种教养方式下长大的幼儿其分享行为具有更强的利他性。

(三) 幼儿园教育因素

1. 教师的教育引导

教师的教育引导对幼儿的分享行为有显著的影响作用。有学者研究得出:小班、中班幼儿在教师暗示下,会出现两极分化的行为,愿意分享的幼儿会立即作出分享行为,不愿意分享的幼儿则采取直接拒绝的方式。但是,如果教师不暗示,小班、中班的幼儿多数会采取不理会对方的行为。大班的幼儿,由于自我意识已经发展到一定水平,教师的暗示作用并不显著,他们会根据自己的需要作出是否分享的判定,并不是一味听从教师的指导。[1] 当然,大班幼儿作出是否分享的判定,与小班、中班阶段教师的正面引导密切相关。

2. 同伴间的熟悉程度

同伴熟悉程度影响幼儿的分享行为,但这种现象在小班、中班、大班三个年龄班有显著差异。研究表明,幼儿园小班、中班幼儿的分享行为基本不受同伴熟悉度的影响,对好朋友和陌生人的分享行为无

---

① 吕华,林静.幼儿分享行为影响因素及培养策略研究[J].兰州教育学院学报,2014,30(5):160—162.

显著差异。大班幼儿则不同,他们的分享行为受同伴熟悉度的影响较显著,越是熟悉的同伴之间越容易发生分享行为。

3. 玩具材料的所属性

玩具材料属于公有还是私有会对幼儿的分享行为产生影响。研究发现:小班幼儿不太在意玩具属性,无论公有还是私有玩具,其是否出现分享行为主要受教师的影响;中班幼儿则不同,对于公有玩具,他们倾向于轮流分享,对于私有玩具,更乐于与同伴分享;大班幼儿对玩具的属性较为在意,对于公有玩具,倾向于分享,能关注到同伴的愿望,受同伴评价影响较大,而对于私有玩具的分享,则倾向于以与同伴交换作为条件。

四、 教师和家长面对幼儿不会或不愿分享行为的常见错误做法

(一) 幼儿家长的错误做法

1. 强迫幼儿分享

案例: 委屈的卓卓

爸爸妈妈带卓卓在小区里遛弯,卓卓口袋里装了几个栗子,边走边让爸爸妈妈帮她剥栗子吃。就在栗子吃得还剩下一个时,迎面走来了小弟弟嘟嘟和他的爸爸妈妈。卓卓爸说:"快把这个栗子分给小弟弟吃吧。"卓卓不肯,紧紧攥着那一个栗子不松手。对面的嘟嘟知道卓卓有栗子,也吵闹着非要吃栗子。卓卓爸见状又继续责备卓卓:"这孩子,真是不懂事,你都吃那么多了,还不想分给弟弟一个。"说着硬是把卓卓的小手掰开,把仅剩的一个栗子送给了嘟嘟。卓卓委屈极了,大哭起来,爸爸还在一旁指责着卓卓:"这孩子怎么这么小气!"

有些家长在看到自己的孩子不愿与同伴分享玩具、食物时,采取训斥、高压的方式强迫孩子分享,造成孩子内心的焦虑与怨恨。在这种情况下,幼儿即使迫于压力出现了分享行为,也是被动分享,而非主动为之,这样的"分享"经历带给幼儿的是痛苦和抵触的情绪而非愉悦的心情。其实,幼儿自己物品的所有权掌控在他们自己手里,是否与人分享应由孩子自己来决定。家长要做的是,通过多种途径引导幼儿认识到分享的意义,体会到分享的乐趣,逐步引导孩子主动分享。

2. 忽视,以为"树大自然直"

有些家长认为孩子不愿分享不是什么大不了的事情,随着孩子年龄的增长自然会有所改善。所以,对孩子的行为不加引导,放任自流。

3. 纵容甚至鼓励

如前文所述,部分家长对孩子的独占行为表示支持,甚至要求孩子"保护"好自己的东西,不能与别人分享,以免将东西损坏。这种做法使得家长错过了培养孩子分享意识这一良好品质的契机,易使孩子的人生观发生扭曲。

(二) 幼儿园教师的不当做法

1. 对不愿分享的幼儿甚至其家长产生偏见

有些教师对不愿分享喜欢独占的幼儿持有偏见,并给其贴上了"自私自利"的标签,而不了解幼儿身心发展特点、家教方式等诸多因素对幼儿分享意识的影响。更不知幼儿分享行为的发展特点和规律,甚至对幼儿家长也产生了连带性的偏见。

2. 以随机的机械说教为主,缺乏系统、有实效性的教育措施

对幼儿的分享教育以说理为主,忽略幼儿内心的情感体验。且分享教育随机性强,忽略幼儿认知水

平和道德感发展水平的差异,缺乏系统性和科学性。

五、 家园合作视角下对幼儿不会或不愿分享行为进行引导的目标设定

(一)形成分享意识

通过分享图书、玩具、食品等活动,让幼儿体验到分享所带来的和谐的同伴关系和愉悦的情绪情感,使幼儿更加关心同伴、喜爱同伴,觉得生活在集体中非常温暖、愉悦,有了好东西或好心情,愿意与同伴分享,形成"好东西与大家分享才更快乐"的意识。

(二)掌握分享技能

掌握在不同情境下的分享技能,如小伙伴提出与自己分享物品时欣然答应,一起开心地玩;多个伙伴要与自己分享一个物品时,大家协商,通过轮流玩的方式来解决问题;自己想与小伙伴分享物品时,能礼貌地提出请求等。

(三)做到言行一致

既有分享的意识,又能切实付诸行动,做到言行一致。

六、 家园合作中幼儿分享行为的培养

(一)幼儿园教师要采取多种措施培养幼儿的分享意识和行为

针对幼儿不愿或不会分享的特点,教师应通过多渠道、多形式开展教育活动,引导幼儿体验分享乐趣,培养其开阔的胸襟、豁达的性格。

1. 组织分享活动,体验分享乐趣

教师可组织丰富多彩的活动,引导幼儿分享食物、玩具、图书等各种他们感兴趣的物品,并利用节日、集会等庆祝活动,让幼儿体验快乐共享带来的快乐加倍的效果。如针对小班幼儿入园时间不长、同伴间不够熟悉与亲密、不懂何为"分享"的特点,可抓住他们对食物、玩具的兴趣,开展"食物分享日"活动或在活动区开辟一个"玩具分享区"。在"食物分享日"里,幼儿可从家里带来自己喜爱的水果、蛋糕、饼干等零食,在教师引导下,向大家介绍自己所带食物的名称、口味,表达邀请大家品尝的意愿等,之后大家共同品尝。在"玩具分享区",教师可请幼儿从家里带来一两样玩具放于该区,大家一起玩。若某些较新颖的玩具,引发了多人争抢玩的情况,教师恰巧可利用这个机会引导幼儿学习"轮流玩""谦让"等交往技能。针对中、大班幼儿,因其逐渐萌生了团队意识和集体荣誉感,可利用节日活动一起表演节目,利用运动会共同拼搏比赛,利用生日庆祝会一起品尝蛋糕、送上祝福等活动,让幼儿体会到自己作为集体的一员,与大家共同分享快乐之事、成功之情的幸福感。

2. 在教学活动中渗透"分享"主题

教师应抓住教学这一重要途径,在社会领域中"人际交往"这一板块安排专门的"分享"类教育活动。如某教师设计的小班社会活动"一起玩更快乐",专门安排三分之二的幼儿带来玩具,三分之一的幼儿不带玩具。在教学活动中先让幼儿自由玩玩具,体会没有玩具玩的小朋友不开心,有玩具自己玩的小朋友也不太开心的情感,之后教师通过故事、图片等教学媒介引导幼儿分享玩具并探索出"一起玩""轮流玩""等待着玩"等多种实用、操作性强的分享方法。教学中,教师恰当运用了直观法、操作法、讨论法等方法,引导幼儿通过亲身体验萌发了分享意识,体会了分享的快乐,学习了分享的策略。此外,在其他领域

教学活动中,也要适时渗透分享教育,如科学活动中,分享自己的操作经验;体育活动中,分享小组竞赛成功的欢乐之情等。

3. 通过移情训练培养幼儿分享意识和行为

对幼儿进行移情训练,可采用情景讨论法和角色扮演法,侧重于让幼儿体验人物的情绪情感。通过移情训练,幼儿将逐渐学会站在他人的角度思考问题。

以往有研究者通过实验得出结论:情景讨论法更适用于大班幼儿,因大班幼儿认知和理解故事的能力较强,通过讨论情境中的问题更有利于引导大班幼儿的分享意识和行为。角色扮演法更适用于中班,因角色扮演法是一种更具体、更直接的参与方法,迎合了中班幼儿情感方面易受感染的特点。[1]

4. 强化幼儿的分享行为

斯金纳指出,离开了强化,学习就难以进行,强化在塑造行为和保持行为强度中是不可缺少的关键因素。幼儿的分享行为通过强化可以得到有效巩固,且幼儿由于分享而受到成人的表扬和鼓励之后,他们会逐渐发展起一种相应的内在的自我奖励倾向,当他们再与人分享的时候,自己会认为这样做是好的,并持久地表现出类似的行为。所以,对于幼儿在各种情境下发生的分享行为,教师要善于发现并及时强化。

常用的强化技术有言语强化、非言语强化、局部强化、符号强化、代币强化、活动强化等,教师在选用强化法时,方法要多样,强化对象要具体,不要过于频繁和急切,避免幼儿出现只去追求具体的强化物而不关注分享行为本身的倾向。

(二)引导家长通过恰当的方式帮助幼儿学习分享

教师应通过多种家园联系方式,引导家长通过以下途径培养幼儿的分享意识和行为。

1. 树立正确的分享观

家长首先应认识到,分享意识是健全人格的重要组成部分,从小对幼儿进行分享教育,可以让他们学会分享和体验分享后的快乐,为形成健康的心理品质打下良好基础。家长不能用成人世界里功利主义的眼光来看待甚至阻止幼儿的分享行为,而应对幼儿的分享行为给予积极的支持和热情的鼓励。

2. 转变教养方式

前文中已谈到,多项研究均得出结论:民主型家庭教养方式能显著正向预测分享行为。所以,在家庭教育中,父母不要过分溺爱、迁就孩子,不要过分干预、压制孩子,也不要对孩子采取放任、无视的态度。父母应为孩子创设一个宽松和谐、充满关爱的家庭氛围,采用民主型教养方式,尊重和理解孩子,真诚地与孩子沟通和交流,与孩子共享快乐,共担忧伤,引导孩子学会共情,鼓励其分享行为,从而让孩子从思想上理解分享,从情感上乐于分享。

3. 避免拔苗助长,不强迫孩子分享

当孩子还没有做好分享的准备时,家长切勿急于求成,强迫孩子分享。强迫孩子分享对孩子的影响远不是失去了一件东西那么简单。剑桥大学苏德中博士说:父母觉得理所当然可以分享的东西,对于孩子来说,却是世界安全感的"标志"。而父母作为孩子最信任的人,却强行剥夺这些物品,还将其转送他人,这对于孩子内心是非常大的打击。

所以,家长首先要意识到,培养孩子乐于分享的品质,强迫的方法没有实质性效果,甚至适得其反。家长首先要转变自己的儿童观,把孩子作为一个有独立人格的人来看待,而不是把孩子当做自己精神的

附庸、面子的道具,应意识到幼儿虽然年龄小,但他们对自己的物品拥有所有权,孩子的玩具、食物、衣服、学习用品等都是属于他们自己的,是否与人分享,决定权在孩子自己手中。不仅如此,在尊重孩子物权的基础上,父母还应做孩子坚强的后盾,当别的孩子抢夺自己孩子的物品时,帮助孩子合理地制止,以加强孩子对自己物品的所有权。只有在获得了稳定的物权、坚实的安全感后,孩子的心理才能健康发展,也才能在此基础上衍生出真正意义上的分享行为。

4. 以身作则,为孩子做出榜样

榜样具有激励和导向作用,对榜样的模仿是幼儿学习分享的一条重要途径。研究发现,儿童早期的一些态度大多来自对双亲的模仿,随后形成的态度来自对社会上各种人物(如教师、同伴、英雄人物等)的模仿。儿童不只模仿榜样的外部特征,如言谈举止等,也汲取榜样的内涵,如思想、情感、态度、价值观等。① 若家长自己就是心胸狭隘、对物质财富过于自私、对信息资源喜欢独占的人,那么幼儿将很有可能在家长潜移默化的"熏陶"中也内化出这种态度,并拒绝对同伴做出任何分享行为。所以,家长希望自己的孩子成为一个心胸开阔、乐于分享的人,首先应将自己塑造成这样的人,使自己的言行成为幼儿的表率。

5. 为孩子创造与人分享的机会

家长应抓住日常生活中的点滴,为孩子创造与人分享的机会,如邀请小区同龄小伙伴到家里来玩,鼓励孩子把自己的玩具、图书、美食等与小伙伴分享;家中的水果、零食等,鼓励孩子与家庭成员共同分享等。当孩子出现分享行为时,家长要给予及时的鼓励与表扬,以强化孩子这一亲社会行为。

学练 结合

一、 名词解释

分享行为

二、 简答

1. 幼儿不会或不愿分享的表现有哪些?
2. 幼儿不会或不愿分享的成因有哪些?
3. 对不会或不愿分享的幼儿进行行为矫正的目标是什么?
4. 如何在家园合作视角下培养幼儿的分享意识和行为?

三、 材料分析

洋洋吃水果时,奶奶常常对洋洋说:"给奶奶吃一口吧?"这时洋洋会笑嘻嘻地把水果递到奶奶嘴边。每到这时,奶奶都会欣慰地笑着说:"奶奶不吃,都给洋洋吃啊!"

然而,最近一段时间,洋洋的行为发生了变化。每当奶奶逗洋洋要吃他手里的水果时,洋洋就会紧紧地抓着水果快速跑开。奶奶觉得十分纳闷:这孩子怎么越来越小气了呢?

---

① 曾英.浅谈幼儿分享行为的教育策略[J].教育探索,2007(12):113—114.

1. 试用所学理论,分析洋洋"变小气"的原因。

2. 针对洋洋不愿分享的问题,尝试给家长提出教育建议。

技能 训练

项目一

针对不愿分享的幼儿,创编一个能对其进行移情训练的故事,并提出具体的指导建议。

项目二

设计一个以"学会分享"为主题的社会领域教育活动,并写出详细教案。

项目三

(情景表演)模拟表演幼儿教师组织小班幼儿开展"食物分享日"的活动,并做出详细指导方案。

推荐 阅读

[1] 张明红.学前儿童社会教育[M].上海:华东师范大学出版社,2007.

[2] 赵培.4~6岁幼儿分享意识和分享行为的现状与对策研究——以河南省×市幼儿园为例[D].河南师范大学,2016.

[3] 周世华,耿志涛.学前儿童社会教育[M].北京:高等教育出版社,2011.

[4] 牛婉羽.3~6岁幼儿分享行为及其与家庭教养方式关系的研究[D].陕西师范大学,2016.

第四节 说 谎 行 为

目标导航

1. 理解幼儿说谎的类型及表现。

2. 了解幼儿说谎行为对其未来发展产生的负面影响。

3. 分析幼儿说谎的成因。

4. 正确制定矫正幼儿说谎行为的目标。

5. 理解并掌握在家园合作中矫正幼儿说谎行为的策略。

情景 导入

丽丽最近因感冒总是咳嗽,她跟妈妈说想吃奶油蛋糕,妈妈认为奶油蛋糕太甜,无益于丽丽的病情,所以一直没有满足她的要求。可是有一天,丽丽在幼儿园对李老师说:"我妈妈给我烤好吃的饼干和蛋糕了,饼干是巧克力的,蛋糕是草莓和奶油的。"李老师问:"你们家买烤箱了?"丽丽说:"嗯。"李老师竖起大拇指说:"你妈妈手真巧!"并和丽丽一起分享了喜悦的心情。

傍晚妈妈来接丽丽,在与李老师的寒暄中,李老师说:"我听丽丽说您还会用烤箱烤草莓蛋糕,下月我们班打算开展'自制糕点'的生活活动,邀请您来和我们一起组织吧。"妈妈一脸茫然地说:"我不会烤啊。"李老师说:"孩子今天跟我说的,妈妈买了烤箱,给她烤了巧克力饼干和草莓奶油蛋糕。"妈妈对着一旁的丽丽怒目圆睁,训斥道:"你这孩子,怎么能说谎骗老师呢!"

基本 理论

一、幼儿说谎行为表述

说谎,就是故意说假话,故意隐瞒事实的一种外显活动。幼儿说谎行为可分为两大类:无意说谎和有意说谎。幼儿无意说谎是幼儿期出现的一种独特行为,是一种不存在说谎的主动动机,没有觉察到自身说谎的说谎行为。有意说谎是指幼儿为了达到个人的某种愿望,有意地欺骗成人、隐瞒事实或嫁祸于人的举动。

幼儿说谎是一种较为普遍的现象,是幼儿心理发展过程中的一个特殊阶段,几乎每个幼儿都有说谎的经历,但并不是所有的说谎行为都说明幼儿存在严重的问题,甚至不同的心理学家和教育学家对幼儿说谎的看法不一。英国著名的教育家洛克认为,说谎是一种恶劣的品质,是许多恶德败行的温床和庇护所。德国教育学家施鲁克教授则认为,幼儿第一次有意义地说假话标志着幼儿有了想象力,表明他们在用开创性的行为与周围环境打交道,是成长过程中的一个重大进步。瑞士心理学家皮亚杰则认为,说谎是由于认知发展水平而导致的。可见,说谎是儿童认知水平发展到一定阶段以后表现出来的行为特点,成人不必惊慌失措,但也不能听之任之,因为若不加引导,确有可能发展为严重的问题行为。

一般而言,3岁幼儿已有说谎的经验,但三四岁幼儿的说谎行为基本都是无意识的、不自觉的,属于无意说谎,常表现为满足愿望的心理、理解性心理错觉和自信心萌动等。有意说谎在幼儿5岁时开始萌芽,此时成人要注意对幼儿进行教育和引导。

二、幼儿说谎行为的影响

(一)因担心、恐惧而增加心理负担
幼儿有意说谎后,其状态并非心情平静、毫无波澜。他们往往因担心谎言被戳穿而感到惴惴不安,倍感烦闷,这会增加幼儿的心理负荷,影响其心理健康。

(二)对人际关系带来负面影响
幼儿无论是无意说谎还是有意说谎,在谎言被揭穿后,都会受到其他幼儿的怀疑、嘲笑甚至排挤,从而很难融入到集体之中,给幼儿的人际关系带来不良影响。而人际关系不良又会导致幼儿孤僻自卑、自私冷漠等性格特点。

(三)导致畸形人格
幼儿在一次有意说谎达到目的后,可能会导致一发不可收拾地多次有意说谎、习惯性有意说谎,假如成人不注意教育和引导,有意说谎还可能发展成严重的欺骗行为,这种不良的道德品质将会影响幼儿身心健康。在此种情况下,幼儿说谎行为将不容易被彻底纠正。

其实,儿童在将道德要求转化为道德行为的过程中,确实常常会出现言行不一的现象,但大都是因为认知能力低下、自控能力差而导致的。随着儿童自身的成熟和成人的正面引导,这种情况会逐渐消失。但习惯性说谎的儿童则不同,他们是多次故意进行口头上的认可和行为上的否定,使得说谎成了一种习惯,将导致畸形的人格发展。

此外,董会芹、刘倩、张文新等的研究发现,说谎与多数问题行为具有共发性,幼儿说谎与问题行为的各个维度均呈显著正相关关系,能够正向显著预测除社交退缩以外的其他所有问题行为。幼儿阶段说谎更可能伴随抑郁、违纪、攻击、社交、注意、思维等各种问题行为,不利于儿童的健康发展。

三、 幼儿说谎行为的成因分析

(一)无意说谎的成因分析

幼儿的无意说谎现象,多由其认知发展水平和语言能力的限制而引起。

1. 因想象与现实相混淆而说谎

4岁左右的幼儿常常把想象和现实混淆起来,把想象的内容当作现实中已经发生的事进行描述,把幻想的语句作为对未能实现的愿望的补偿,以克制和掩饰自己失望的心理。当幼儿把这种夸大的并不现实的想象当作真实的东西说出来时,小朋友会听得入迷,而大人听来就成了说谎。如情景导入中的丽丽,妈妈因她咳嗽没有给她买奶油蛋糕,而丽丽太想吃奶油蛋糕就在幼儿园对李老师说妈妈用烤箱给她烤了饼干和奶油蛋糕,这就是想象与现实混淆导致的说谎。

2. 因记忆的精确性较差而说谎

小年龄幼儿记忆不精确,在回忆已经发生的事情时往往出现歪曲事实的现象,由此导致说谎。如幼儿园老师请东东把新买的遥控汽车玩具带来给大家看看,东东回家却非要妈妈再给他买一个遥控汽车带到幼儿园,还说是老师说的。其实是东东对老师的要求记忆不精确,在回忆老师说的话时出现了偏差。

3. 因知识匮乏,认知能力低下而说谎

幼儿因年龄小、知识经验贫乏、认识能力低下,往往对事物缺乏正确的判断力和理解力,也易导致与事实不符的"瞎说"。如3岁的丹丹对妈妈说:"我今天在幼儿园吃了5碗米饭。"妈妈大吃一惊。实际上丹丹只吃了两碗,她还未能形成精确的数概念。再如,一位父亲让幼儿跑去厨房看看炉上的水烧开了没有,幼儿回来对爸爸说:"水开了。"可爸爸来到厨房,发现水并没有开。其实该幼儿并非有意说谎,而是不知道水怎样才算开了这一生活常识。

4. 因自信心萌芽而导致说谎

幼儿由于理解问题的简单化和不善于分辨想象与现实,往往不切实际地说"大话"、夸"海口"。如在运动会前挑选小运动员时,老师问:"哪个小朋友拍球拍得最多?"全班幼儿都举手说:"我拍得最多!"这是由于幼儿自信心萌动,又无法对自己进行客观评价而导致的说谎。

5. 因成人的暗示而说谎

这类幼儿产生说谎的现象往往由成人的语言暗示引起。如某家长发现孩子从幼儿园回来额头肿了个大包,便询问孩子是怎么回事,孩子说不知道。于是家长问:"是不是老师打的?"孩子居然点了点头。这位妈妈十分生气,想去幼儿园讨要说法。幸好孩子爸爸回来后澄清了事实:孩子额头的包是早上去幼儿园经过小区的灌木丛时被蚊子叮的,不知为何一天了也没消退。

部分成人遇到问题总是把自己的孩子往好处想,不能冷静地、公正客观地从事实出发进行推理和判断,所以容易对发生于幼儿身上的问题做出不正确、过于武断或直觉式的归因。而幼儿由于认知水平有限、道德观念模糊、生活经验匮乏、记忆精确性差等原因,极易因受到成人的语言暗示而说谎。

(二)有意说谎的成因分析

幼儿为了达到某种目的而有意说谎,这类说谎与品行有关,反映了幼儿品德发展中存在的问题。具体而言,这类说谎往往由以下 7 种原因引起。

1. 因害怕受到批评或惩罚而说谎

幼儿犯了错误将要受到惩罚时,会产生恐惧心理。为了逃避或减轻来自老师、家长的惩罚,他们就通过说谎来为自己开脱责任。这也是幼儿有意说谎中最常见的一种情况。如,一节手工课后,奕奕将剪下的碎纸片从三楼的窗口撒下去,飘到了一楼的植物角里,保育员老师发现后到各班去询问。当问到奕奕的班时,有一个小朋友举报是奕奕扔的,奕奕有些害怕,但在老师再三询问下还是不肯承认错误。[①]奕奕的案例就属于因害怕惩罚而说谎的类型。这种说谎现象在表现程度上又分为三个层次:(1)为减轻错误分量,只承认一部分错误;(2)全部否认错误;(3)嫁祸于人。其中,嫁祸于人最为严重,不仅不承认是自己做的,还要把责任全推给别人,这种行为说明幼儿的品行已经开始恶化,不过这种情况在幼儿身上非常少见。

其实,幼儿在犯错后选择说谎来逃避惩罚,究其根源还是在于成人不当的教育方法。有些家长或教师,在幼儿做错事承认自己的错误后,对幼儿采取的是粗暴的打骂,并非耐心的说理教育,而幼儿最初偶尔的说谎反而使他免受责罚,蒙混过关,两者对比之下,幼儿选择说谎也是情理之中的事了。

2. 为了获得他人的赞扬或奖励而说谎

有些家长或教师在鼓励幼儿时简单地采用物质奖励手段,过多地看中幼儿获得的称号而忽略其实际表现,就容易导致幼儿为了获得成人的赞扬或奖励而说谎。如班里开展"评比好孩子"的活动,凡是被评上的幼儿都可以得到一枚小贴纸作为奖励。辰辰没有拿到贴纸,但回去后却对妈妈说自己被评上了"好孩子",并要求妈妈兑现给他买奥特曼的承诺。[②]辰辰就是为了得到妈妈的赞扬和奖励而选择了说谎。

3. 为了满足自己的虚荣心而说谎

有些家长因对幼儿教育方法不当,导致幼儿虚荣心强,凡事爱与他人攀比,在实际条件无法与别人相比时就采用骗人的方式来谎造优越感。如有的幼儿看到别的幼儿有变形金刚玩具而自己没有,很是羡慕,便说:"我爸爸也给我买变形金刚了,比你这个好多了!"

4. 为了取乐而说谎

有的幼儿通过说谎来捉弄别人以获得快感,并因此自鸣得意。经典故事《狼来了》当中,小男孩的多次有意说谎行为就属于此种类型。

5. 为了达到某种不正当的目的而说谎

有些幼儿为了满足自己的某些欲望或达到某种不正当的目的,故意夸大、歪曲事实,甚至编造事实,就属于这种类型的说谎。如龙龙在桌上看到一串玉珠手链,很喜欢,于是就把它剪断,将小珠子放进自己的口袋,后来丢失手链的老师过来寻找,龙龙就拿出几颗给老师,但却谎称是其他幼儿给他的。[③]在有意说谎的几种类型中,这是最为严重、性质最恶劣的一种类型,多发于 5 岁以上幼儿身上。成人一旦发现幼儿存在此种说谎现象,一定要高度重视,积极引导,切不可忽视。

6. 因模仿成人而说谎

有些家长自己在日常生活中就常常有说谎和欺骗行为,如对幼儿说过的话不兑现;带幼儿外出坐公

交车为了逃票,让幼儿配合弯着腰;幼儿忘记完成教师布置的任务,家长帮幼儿在教师面前编造谎言等,家长这些说谎或欺骗行为,是造成幼儿说谎的重要原因。某些教师对幼儿说的话不兑现,也给幼儿做出了负面榜样。家长和教师都是幼儿心目中的权威,"权威"都在说谎,就会使幼儿产生"说谎不为错"的错误认识,甚至为自己说谎成功感到得意。

7. 为帮助同伴逃避惩罚而说谎

这类说谎现象往往发生于 5 岁以上的幼儿身上。5 岁以上的幼儿非常重视同伴间的友谊,有的幼儿在好友做了错事时,会主动站出来替好友认错、掩护,说是自己做的,愿意为好友造成的不良后果承担责任,由此而说谎。

四、 教师和家长面对幼儿说谎行为的常见错误做法

(一) 幼儿家长的错误做法

1. 通过打、骂等简单粗暴的方式进行惩罚

很多家长都会把幼儿说谎看作非常严重的问题,但又往往只看到说谎的现象,不去分析说谎的成因。无论孩子是否是有意说谎,为什么说谎,家长都通过打、骂等简单粗暴的方式进行惩罚。这样的惩罚方式无法让孩子真正认识自己的错误,反而认为自己被惩罚的原因是谎言被父母戳穿了,而不是说谎本身。所以,带来的结果很可能事与愿违,孩子的说谎行为会更加频繁和老练。

2. 纵容甚至错误地鼓励

部分家长对孩子过分溺爱,对孩子的说谎行为视而不见,一味纵容,认为随着年龄增长,说谎现象会自然消失。更有甚者,把孩子的说谎行为视作"聪明才智",认为是孩子"机灵""反应快",不仅没有批评孩子反而给予了夸赞和鼓励。这将导致幼儿是非观念颠倒,说谎现象更加严重。

(二) 幼儿园教师的不当做法

有些教师发现幼儿有说谎现象,便当众揭穿幼儿的谎言,给幼儿贴上"坏孩子""骗子"的标签,使幼儿被同伴嘲笑、指责,逐渐被排斥在群体以外,自尊心受到极大打击。这可能使幼儿衍生出自卑、恐惧甚至敌视等一系列问题心理和行为,不利于幼儿身心健康成长。

五、 家园合作视角下对幼儿说谎行为引导的目标设定

(一) 提高认知能力

幼儿无意说谎和部分原因引起的有意说谎与幼儿认知发展水平较低直接相关。所以,纠正幼儿说谎行为,还应从根本着手,提高幼儿区分想象和现实的能力、对语言的理解和表达能力,丰富各领域知识和生活经验等,幼儿的认知能力提高了,很多说谎现象自然就消退甚至消失了。

(二) 养成诚实守信的良好品质

《3～6 岁儿童学习与发展指南》中,社会领域目标明确提出"知道说谎是不对的""做了错事敢于承认,不说谎"。所以在幼儿期就应培养幼儿诚实守信的良好品质和认真负责、勇于担当的态度,使幼儿具有面对家长、老师和小朋友,不欺骗、不说谎,即使做错了事也要敢于承认并勇于改正的精神。

六、家园合作中幼儿说谎行为的矫正

针对幼儿的说谎行为,教师与家长应先根据动机与原因区分说谎行为的性质,再"对症下药",采取有针对性的纠正措施。

(一)针对幼儿无意说谎的矫正措施

幼儿出现无意说谎现象,教师与家长不必惊慌失措,因这类说谎现象由幼儿认知水平较低引起,随着幼儿年龄的增长、认知水平尤其是记忆、思维能力的提高和生活经验的丰富,会逐渐自然消失。当然,成人也不能放任不管、听之任之,而应给予幼儿耐心的引导,帮他们顺利度过这一阶段。例如,对于跟老师说妈妈给她烤饼干和蛋糕的丽丽,应该帮助其区分想象和现实;对于"信口开河"说自己吃了五碗米饭的丹丹,教师与家长应帮她弄清事实,并注意促进其数概念的发展;对于把"老师让他将新买的玩具汽车带到幼儿园来给小朋友看看"理解为"老师让他再另买一辆新的玩具汽车带到幼儿园来"的东东,教师与家长要坦诚沟通,并帮助东东提高语言理解和表达能力。

(二)针对幼儿有意说谎的矫正措施

1. 创设民主和谐的成长环境

不同的精神环境会对幼儿的成长和发展带来不同的影响。在民主和谐的成长环境中,幼儿时时处处感受到的是理解、尊重和关爱,在这种宽松、舒适的精神氛围中,幼儿的愿望和要求可以通过亲子之间或师幼之间的良好沟通获得解决,而不必借助说谎去实现。幼儿犯了错误也会被家长和老师理性地接纳,他们也就无需产生害怕、恐惧情绪并通过说谎掩饰自己的错误。或者,即使幼儿真的说谎了,成人也会在关心、尊重幼儿的基础上,倾听幼儿内心的想法,并通过幼儿能够接受的方式让他们认识到说谎是不对的行为,从而产生良好的引导效果。

2. 以身作则,为幼儿树立良好榜样

英国著名教育理论家洛克曾说:"说谎在形形色色的人群里很盛行,要使儿童不看到、不听到别人说谎是很困难的。孩子经常看到、听到别人说谎,又怎么会不学呢"这就要求教师和家长注意自己的一言一行,要为幼儿树立良好的榜样。要求幼儿诚实守信,成人自己首先应该做言而有信的人,对幼儿说真话,做实事,决不能为了达到某种暂时的目的而对幼儿撒谎,欺骗他们;对幼儿做出的承诺一定要尽力兑现。若确实因为某些原因无法兑现,也不能不了了之,而应向幼儿说明原因并真诚道歉,这也是尊重幼儿人格尊严的表现。

3. 从幼儿说谎现象反观自身教育问题

当幼儿出现说谎现象时,成人首先要做的不是责怪幼儿,万不可乱发脾气甚至打骂,因为这只能让幼儿的说谎行为更加频繁和老练。成人应认真地反省自己:是不是孩子有合理的要求却不敢直说? 是不是平时对孩子的一些合理要求没有给予满足? 是不是常常粗暴简单地拒绝孩子那些不合理的要求而没有耐心解释为什么? 等等。如果是,应及时调整自己的教育行为。同时要告诉幼儿说谎是不对的,并耐心地和孩子谈谈自己的想法和认识。

4. 采用适当的方式帮幼儿认识说谎行为导致的严重后果

教师和家长可采用道理、故事及生活中的实例帮助幼儿认识说谎行为所导致的后果。

(1)讲道理。教师和家长若发现幼儿说谎,要耐心地给幼儿摆事实、讲道理,让幼儿明白说谎有时的确能成功地蒙骗别人,达到自己的目的,但如此得到的所谓"快乐"只是自欺欺人的短暂快乐,而失去的却是人身上最宝贵的品质——诚实。经常说谎的孩子,会失去父母、老师和小伙伴的尊重与信任。

（2）讲故事。可利用故事教学帮助幼儿认识说谎导致的严重后果。在幼儿熟悉故事情节后,教师或家长可结合使用提问法、讨论法、角色扮演法、移情训练法等帮助幼儿深刻理解故事所传达的深意。当前,可供选择的关于诚信教育方面的故事还是非常丰富的,如《金斧头》《短耳兔考 0 分》《做诚实的好孩子》《最重要的事》等,均可作为诚信教育的故事素材。

（3）讨论生活中的事例。教师和家长可利用电视、网络或生活中的相关实例,与孩子展开讨论,让孩子通过这些真实的案例体会说谎、欺骗行为所带来的危害。当然,讨论时要注意形象生动,避免生硬地说教,而要尽量调动幼儿的主动性,引导幼儿谈谈自己的感受。

5. 适当运用奖励与惩罚

（1）奖励幼儿的诚实行为。

心理学家称,在矫正孩子的说谎行为时,奖励诚实行为比惩罚说谎行为更为重要有效。所以,教师与家长要善于发现幼儿身上的闪光之处,多关注幼儿的诚实之美并给予积极的表扬甚至奖励,让幼儿体会诚实比说谎更有好处。

（2）适度惩罚幼儿的说谎行为。

如果幼儿犯了错误还说谎,教师与家长应给予严厉的批评,让幼儿认识到每个人都应勇于承担责任、不掩饰自己的错误,才能赢得他人的尊敬。如果幼儿犯了错误勇于承认了,成人应首先表扬幼儿主动承认错误、勇于承担责任的品德和胆量,万不可先急于去批评幼儿的过失,让幼儿体会来自成人接纳、赞赏的态度后,再指出幼儿的错误和改进方向,幼儿将更容易接受。

总之,幼儿的说谎行为原因多样,不能一概而论,教师与家长应通力合作、冷静分析、耐心教育,为他们营造包容、接纳、尊重、自主的生活环境才能培养幼儿诚实守信的良好品质,促使其健康快乐地成长。

学练 结合

一、 名词解释

无意说谎　有意说谎

二、 简答

1. 幼儿说谎行为会对幼儿的发展产生哪些不良影响?
2. 幼儿说谎行为的成因有哪些?
3. 矫正幼儿说谎行为的目标是什么?
4. 如何在家园合作视角下矫正幼儿的说谎行为?

三、 材料分析

3 岁的小军在客厅跑动时,不小心碰倒了电视柜上的精致花瓶,花瓶掉在地上摔了个粉碎。妈妈听到声音,从厨房出来,质问小军怎么回事,小军胆怯地说是小猫咪碰倒了花瓶。妈妈看到小军打碎了花瓶还撒谎,非常生气,在小军的小屁股上狠狠打了几下。

1. 试用所学理论,分析小军说谎的原因。

2. 针对小军说谎的问题,妈妈的做法妥当吗?请尝试给家长提出教育建议。

技能 训练

项目一
针对为获得成人表扬而说谎的幼儿,从家园合作角度提出具体的教育指导建议。

项目二
针对因模仿成人而说谎的幼儿,从家园合作角度提出具体的教育指导建议。

项目三
(模拟表演)针对因想象和现实相混淆而说谎的幼儿,向其家长提出教育指导建议。

推荐 阅读

[1] 杨明,杨飞龙.幼儿说谎行为的心理原因及教育措施[J].黑龙江教育(理论与实践),2016(10):45—46.

[2] 叶晓玲.幼儿说谎行为浅析[J].吉林省教育学院学报,2008(4):107.

[3] 吕炳君.学前儿童社会教育[M].武汉:华中师范大学出版社,2013.

[4] 张思敏.幼儿说谎行为成因及教育对策[J].亚太教育,2016(8):147—148.

第五节　注意缺陷多动障碍

目标导航

1. 理解注意缺陷多动障碍的含义。

2. 了解幼儿注意缺陷多动障碍的行为表现。

3. 分析幼儿注意缺陷多动障碍的成因。

4. 了解注意缺陷多动障碍对幼儿未来生活、学习的影响。

5. 正确把握幼儿注意缺陷多动障碍的矫正目标。

6. 理解并掌握在家园合作视角下矫正幼儿注意缺陷多动障碍的策略。

情景 导入

小泽在中二班是个"特立独行"的孩子,他实在是太好动了,完全不受班级规则的约束,这令老师们感到十分棘手。

教学活动中,小朋友们都专注地跟随着老师的思路,只有小泽频繁地做出各种不合时宜的小动作:东张西望、吃手、抠鼻子,甚至在班里来回走动,一会儿拽拽丽丽的小辫子,一会儿拉拉东东的衣服,一会儿站起来到活动区去拿玩具,一会儿又钻到了桌子底下去敲同桌其他小朋友的脚。老师点名提醒他后,他才能暂时停止小动作,但过一会儿又会恢复原样。

外出做操时,他从不排队,而是随意插队,对小朋友又推又挤,且在排队去户外的过程中,时而走时而停,还故意踩其他小朋友的鞋子。而他做操的动作也与大家不同,完全是自己在手舞足蹈。若天空偶尔飞过一架飞机,他会停止做操而观看飞机,任凭教师提醒也无济于事。

区域游戏是小泽非常喜爱的活动,但是他一般玩一个游戏玩到一半时就无法坚持,将活动材料摊在桌上便去玩其他游戏或者去打扰其他小朋友。

经医生诊断发现:小泽原来是患了多动症。医生给小泽开了一些药物,同时要求家长和教师配合通过行为干预技术进行教育治疗。渐渐地,小泽比以前安静了许多,遵守规则的意识和能力也增强了。

基本 理论

一、 幼儿注意缺陷多动障碍行为表述

(一)幼儿注意缺陷多动障碍的概念

注意缺陷多动障碍(ADHD)在我国称为多动症,是指儿童与同龄人相比,有明显的注意力集中困难、注意力持续时间短暂、活动过度或冲动的一组综合征。注意缺陷多动障碍是一种常见的儿童行为异常问题,其严重程度分为轻度、中度、重度三类。[1] 其症状一般在 7 岁前表现出来,典型年龄为 3 岁,8～10 岁为发病高峰期。由于诊断标准不统一,各国对儿童多动症的发病率统计结果也差异较大。美国报道儿童 ADHD 的发病率为 20%,而目前我国儿童 ADHD 的总体发病率统计结果约为 5.7%,其中男童发病率为 6.4%～8.8%,女童发病率为 2.7%～4.4%,男童高于女童。[2]

(二)注意缺陷多动障碍幼儿的表现特征

幼儿注意缺陷多动障碍的表现特征主要体现在维持注意、控制冲动、活动量以及行为自律能力方面,与其心理和年龄明显不相称。

1. 注意缺陷

注意缺陷是多动症幼儿的核心症状,具体表现为注意集中困难和注意持续时间短暂。此类幼儿在学习或进行其他活动时注意难以集中,易因外界刺激而分心,对来自各方面的刺激都起反应;不能注意到细节,常因粗心而发生错误;注意维持困难,不愿从事需要较长时间持续集中精力的任务,如听教师讲解、长时间进行一个游戏等。此类幼儿还表现为平时容易丢三落四,经常遗失玩具、学习用具等。

2. 活动过多

注意缺陷多动障碍幼儿往往从小就活动量很大,甚至在胎儿期就十分好动。随着出生后各方面身体机能的发展,他们显得更加不安分。学会了走就不再喜欢坐,学会了跑就常常以跑代步,学会了爬楼梯后就上下爬个不停等。进入幼儿园后,他们难以遵守班级规则,经常显得不安宁,手足小动作多,且行为无目的,不能安静坐着,在教室或其他要求安静的场合擅自离开座位。凡是能碰的东西都要碰触,到处乱跑或攀爬。喜欢挑逗,常与同学斗殴,难以从事安静的活动,一天忙个不停。

---

① 黄小英.论述小儿多动症发病原因与治疗措施[J].中国现代药物应用,2010,4(14):34—35.
② 童连,史慧静,臧嘉捷.中国儿童 ADHD 流行状况 Meta 分析[J].中国公共卫生,2013,29(9):1279—1282.

3. 行为冲动

注意缺陷多动障碍幼儿情绪易冲动,缺乏自我克制能力,做事凭一时兴起,想干什么就干什么,不顾及后果,常常在信息不充分的情况下快速做出行为反应。如教学活动中,教师的问题尚未说完,便迫不及待地抢答;排队时,不能耐心等候;游戏活动中,常与同伴发生纠纷甚至打斗等。

4. 动作和语言等发育异常

注意缺陷多动障碍幼儿往往伴有动作发育异常的现象,精细动作、协调运动、空间位置知觉等发育水平均较差。如翻手、对指运动、系鞋带和扣纽扣等都不灵活,分辨左右有困难。少数患儿伴有语言发育延迟、语言表达能力差、智力偏低等问题。

以上特点中,注意缺陷、活动过多和行为冲动是 ADHD 的核心症状,具有诊断价值。但需要注意的是,随着幼儿神经系统的不断发育完善及其活动空间日益扩大,生活经验日益丰富,兴趣倾向日益显现等,幼儿在不同年龄阶段、不同性质的活动中的行为特点、思维方式、自控能力等均会有不同的表现,活动量的多少也会不同。所以,我们不能草率地给一个活泼好动的幼儿贴上"多动症"的标签,只有当幼儿的活动量明显高于同龄儿童,并且同时伴有易冲动、难以与人相处、注意力难以集中、动作和语言发育异常等表现时,才能考虑是否患有多动症。

二、 注意缺陷多动障碍对幼儿的影响

许多研究表明,注意缺陷多动障碍幼儿的智力一般在正常范围内,但智力水平低于正常儿童,智力发展不平衡现象突出。如李建英、李巧毅等的研究发现,学龄前 ADHD 儿童的言语理解能力、空间知觉能力、分析综合能力、对有意义的视觉刺激理解能力均较正常儿童差,存在一定程度的信息加工缺陷和执行功能缺陷。这些问题会给幼儿的生活、学习等方方面面带来持久的影响。

(一)易因学习困难导致学业不良

尽管注意缺陷多动障碍幼儿智力基本保持正常,但由于存在各种能力障碍,导致其在课堂上保持注意的时间十分短暂,易因极小的刺激物而分心,不能认真听课,对教师和同伴的语语理解有偏差,完成作业的速度和质量均较差,学习效率低下,所以他们往往出现学习困难现象,学习成绩较正常儿童差得多,低于其智力水平所应达到的学业成绩。特别是理科类的知识,在计算、思考等方面能力的缺失,使得他们学习起来非常吃力。

(二)易因缺乏自我克制能力导致品行障碍

研究表明,注意缺陷多动障碍和品行障碍的共病率高达 30%～58%。注意缺陷多动障碍幼儿自我克制能力差,行为冲动性强,个性倔强,不愿听从父母或老师的教导,对规则漠视甚至无视,在现阶段的幼儿期以及日后的少年期甚至成年期易滋生出一系列的品行障碍。主要表现为攻击性行为,如辱骂、打伤同学、破坏物品、虐待他人和动物、性攻击、抢劫等;或一些不符合道德规范及社会准则的行为,如不讲礼貌、说谎、逃学、离家出走、纵火、偷盗等,这些品行方面的障碍对其自身成长和社会稳定均会造成不利影响。

(三)易因特立独行导致人际关系问题

注意缺陷多动障碍幼儿往往情绪不稳定,变幻无常,受到一点外界刺激就易冲动,时而兴奋得手舞足蹈,时而哭闹着大发雷霆。在集体活动中,不遵守活动规则,不顾及他人感受,遇到事情不能经过思考

后再解决,而是随心所欲,常常与同伴争吵或打架。由于种种"特立独行"的表现,他们给自己造成了很多障碍,也给周围人带来了负面影响。同伴往往对他们"敬而远之",不去招惹甚至躲着他们,免得惹祸上身,甚至群起而攻之,将他们排除在集体之外。不被大家接受的状况导致他们没有朋友,孤独寂寞。而种种扰乱纪律的行为,为教师的工作带来了诸多麻烦和困扰,教师可能较多地采用警告、批评、呵斥等行为,不利于良好师幼关系的建立。

(四) 对成年后的生活产生多方面消极影响

少数注意缺陷多动障碍幼儿成年后还留有性格和行为上的缺陷,甚至有些可达到成人 ADHD 的诊断标准。成人 ADHD 往往以"注意缺陷"为主要表现,"活动过多"的特点会减轻。这样的成人往往性情冲动、行事鲁莽,其行为特点会对其生活产生多方面消极影响。例如,易于与同事发生冲突;易因冲动而经常变换工作;开车易冲动,易因不遵守交通规则造成交通事故等。

可见,注意缺陷多动障碍明显影响幼儿的身心健康、学业、人际关系以及成年后的家庭生活和社交能力,应及早发现、及早干预。

三、 幼儿注意缺陷多动障碍的成因分析

目前,注意缺陷多动障碍的病因和发病机制尚不明确,一般认为是由多种生物、心理和社会因素相互作用所致,主要与遗传、中毒、脑损伤、营养、家庭教养方式等因素有关,其中以遗传和中毒因素为主。

(一) 遗传因素

家系研究、双生子和寄养子的研究支持遗传因素是 ADHD 的重要发病因素,平均遗传度约为76％。国内研究表明,多动症儿童的父母幼时顽皮多动的人数比率为 36.4％,有注意力不集中的人数比率为 27.1％。[①] 儿童多动症具有家族性倾向,希尔弗发现有 40％的多动症儿童,其父母、同胞和亲属也患有多动症。Mathen 在 1976 年进行了针对双胞胎的纵向观察,发现同卵双生子,其中一个患有多动症,另一个发病率达 100％。异卵双生子,一个患多动症,另一个患病率为 17％。可见,若是儿童的血缘兄弟姐妹患有多动症,则其患多动症的可能性会大大增加。

此外,母亲在怀孕期间若存在不良生活习惯,如吸烟、酗酒等,那么她很有可能将身上的有害物质通过血液传播给未出世的孩子。某国际研究小组发现:有常年吸烟史的母亲生下的孩子与无吸烟史的母亲生下的孩子对比,会被多遗传 3 000 种有害遗传物质,这些有害遗传物质可能会对儿童的肺部和神经系统产生不良影响。其中,使儿童罹患多动症就是可能导致的结果之一。

(二) 中毒因素

化学物质中毒可给儿童带来严重的身体伤害,且由于幼儿年龄小,身体免疫功能脆弱,中毒后容易影响神经系统发育。有人认为,城市环境污染、临床上不显症状的轻度铅中毒可能是致病原因之一。近年积累的资料提示本病有神经生理基础异常,认为多动和注意力不集中可能与脑内儿茶酚胺系统(去甲肾上腺素等)功能不足有关。多动儿童易被影响的区域是千叶的多巴通路,前叶皮层与儿童的冲动和攻击行为有关。[②]

① 曲振国.注意缺陷多动障碍的形成因素研究[J].潍坊学院学报,2006,6(2):135.
② 郭利坚.三种治疗幼儿多动症方法的临床比较[J].内蒙古中医药,2010(6):71—72.

(三) 脑组织损伤

有学者认为,多动症的病因可能是轻微的脑功能失调,这种失调可能与脑的损害有关。[①] 在生活中,造成儿童脑损伤的因素很多,如母亲怀孕时受到风疹等病毒的感染;脑部严重的撞击;服用过多有害于胎儿脑组织的药物;产钳助产所致的脑损伤;窒息儿、早产儿;幼年时所患的脑炎、脑膜炎、颅脑外伤,以及其他原因造成的脑损伤等。[②] 这一切都可能引发幼儿多动。

(四) 营养因素

幼儿缺乏身体所需要的营养成分使得自身体质下降,不能抵抗外来病毒的侵入,免疫能力低下。此外,幼儿过多食用糖类和含有人工色素、添加剂、防腐剂、调味剂等的食品,如饮料、糕点、饼干等,容易引起及加重多动症的症状。

(五) 家庭教养方式、父母教养态度

父母教养方式对个体的心理发展有重要影响,父母的情感温暖、理解是子女心理正常发展的重要条件。许多研究表明,注意缺陷多动障碍幼儿的父母在教养方式上往往对幼儿有缺乏温暖和理解、拒绝、否认甚至严厉惩罚的倾向,或有无原则偏爱、过度保护的倾向。可见,在民主型、专制型、溺爱型、忽视型四种典型家庭教养方式中,专制型和溺爱型教养方式易导致和加重幼儿多动症症状。

1. 专制型教养方式与幼儿多动症的行为表现之间易形成恶性循环

多动症幼儿由于遗传或发育因素,常表现为活动度高、节律性低、反应强度高以及过多负情绪等,这些行为问题往往导致父母的负情绪介入。因为 ADHD 幼儿在教养上的困难,他们的父母面临着教育孩子的严峻挑战和压力,因而应激水平较正常家庭高,易产生焦虑、抑郁心境和不合理的信念,这种心理状态易导致父母采用提醒、责备、训诫、惩罚等教养方式。而由于多动症幼儿无法约束自己,惩罚往往又收效甚微,多以失败告终。当这种专制型管教方式频繁发生又频繁失败时,不仅不能纠正幼儿的多动行为,反而强化了幼儿的违抗、攻击等行为问题,遗传素质和不良交往方式之间就形成了恶性循环。同时,家长对多动症幼儿采取惩罚、管制的教育方法,易使幼儿缺乏安全感,其被关爱、被接纳的情感需求长期得不到满足,会直接影响幼儿自我意识的形成,使之表现出退缩、抑郁、焦虑、自卑等心理特点,也会导致注意力不集中。可见,对于存在多动行为问题的幼儿,打骂等专制型教养方式不但无法起到矫正行为的目的,反而可能导致内化和外化性问题的加重,给幼儿本已脆弱的心灵造成更深的伤害。

2. 溺爱型教养方式可滋生出幼儿的多动行为

采用溺爱型教养方式的家长,往往对幼儿的一切表现不加约束、一切要求无原则满足,导致幼儿缺乏必要的行为指导和良好习惯的培养,不恰当的行为得不到及时干预,自我中心倾向严重,自控能力较一般儿童差。久而久之,幼儿缺乏独立完成任务的能力,做任何事时遇到一点困难就会改变初衷,形成不能集中注意力、做事有头无尾等行为习惯,这也会助长多动行为的产生。

除教养方式外,父母性格不良,父母关系不和,母亲患抑郁症,父亲有冲动、反社会行为或物质成瘾,家庭破裂,家庭经济困难,住房拥挤,童年与父母分离、受虐待等不良因素均可能成为幼儿多动症发病诱因或症状持续存在的原因。如父母离异的孩子,内心会产生很强的失落感,甚至会错误地认为是因为自己不够好导致了父母的分离,或是认为自己太小了无法引起父母的注意。所以他们就会刻意地表现自己,以多动的行为来引起家长的注意,这是一种心理暗示。再如,父母关系恶劣经常吵架,有时甚至在孩

① 郑雪.幼儿心理教育手册[M].广州:暨南大学出版社,2007:192.
② 李博,李文才.儿童多动症的成因分析及教育干预措施[J].广东教育学院学报,2009,29(4):20—23.

子面前动手打架,给孩子造成的不良生活氛围也会催生孩子的多动行为。又如,父母对孩子要求过于严格,无论什么事情都要求孩子做到最好,甚至不惜采用打骂的方式"鞭策"孩子,导致孩子心理压力过大,这种压力也可能通过多动、注意力不集中的外显行为方式呈现出来。

四、教师和家长面对幼儿注意缺陷多动障碍的常见错误做法

(一)幼儿家长的错误做法

1. 忽视

有些家长看到孩子的多动现象,误以为是孩子活泼好动、调皮捣蛋,而未能意识到这是对孩子各方面发展产生负面影响的问题行为。尤其是当这样的家长"遭遇"到多动的男孩子,更会认为其多动的行为是男孩的正常表现,随着年龄增长,这些行为会自然消失。殊不知,在不加干预的情况下,孩子的多动问题会日益严重,而由多动症引发的学业不良、品行障碍、人际关系紧张等问题也会日益凸显。

2. 打骂

有的家长看到孩子注意力不集中,做事丢三落四,还时常在幼儿中间惹是生非,便对孩子因多动症表现出的一系列异常行为感到愤怒,又因孩子的屡教不改感到束手无策,于是采用打骂等粗暴的方式进行纠正,企图强行制止孩子的多动行为。然而结果却适得其反,加重了孩子的行为问题。家长必须明确,多动症幼儿表现出的一系列奇怪行为均是不自主的,是因为幼儿大脑内神经元细胞异常放电,使得神经化学递质多巴胺失衡,从而导致大脑功能发生紊乱,出现了不由自主的奇怪行为。所以,他们的一系列行为,不是主观上故意造成的,而是不随意的、难以自控的。

(二)幼儿园教师的不当做法

1. 草率地给好动的幼儿贴上"多动症"标签

部分教师对注意缺陷多动障碍这种问题行为的特征只知皮毛,不求甚解,误将好动顽皮的幼儿看作有问题的孩子,甚至给其贴上"多动症"的标签,这是极不负责任的做法。幼儿的顽皮与多动症是有本质区别的,如顽皮的孩子在做自己喜欢的事时,可以聚精会神、专心致志;而多动症幼儿无兴趣爱好,即使面对一般幼儿都爱看的动画片和爱玩的游戏,他们也无法专心致志。顽皮的幼儿,其好动的行为是有目的、有计划的,而多动症幼儿行为无计划,冲动,有始无终。顽皮的幼儿在严肃、陌生的环境中可以自我控制;而多动症幼儿在任何场合都没有自制力,做一些令人感到过分的事情。顽皮的幼儿动作灵活,没有障碍;而多动症幼儿在做诸如扣纽扣、系鞋带等某些精细动作时,反应迟钝、不灵活。教师应本着科学、严谨的态度,首先区分清楚幼儿属于顽皮还是多动症才能对症下药,有针对性地帮助幼儿矫正行为,而不能看到顽皮的幼儿就将其归入多动症的行列。

2. 对多动症幼儿采取忽略态度

部分教师对注意缺陷多动障碍幼儿的矫正感到力不从心、束手无策,尤其在班容量大、师幼比严重超出国家标准的幼儿园,教师更是感觉没有精力去照顾幼儿的个体差异。所以,对于多动症的幼儿,部分教师出现了一系列不正确的做法:在教学活动中,教师将其隔离在午休室,以免打扰集体教学秩序;在区域游戏或户外活动中,教师秉持"只要这个孩子不惹事端就好"的原则,对其各种不守规则的行为采取放任自流的态度。导致多动症幼儿在班里,如空气一般地存在着,几乎被教师完全忽略了。其实,这种放任、忽略,就是对幼儿的放弃,是违背幼儿教师职业道德甚至有辱幼儿人格尊严、侵犯幼儿合法权益的行为,是极端错误的态度和做法。

3. 在家长面前仅仅充当 "告状者" 的角色

部分教师在多动症幼儿的家长面前,持之以恒地扮演着抱怨者、告状者的角色。他们时常把幼儿的种种"恶行"告知家长,让家长"回家好好管管孩子",而自己却没有任何有效的教育措施,更别提给家长提出建设性的教育建议了。此类教师看不到幼儿园一日活动对每个幼儿成长的意义,看不到家园合作矫正幼儿问题行为的重要性,更意识不到自己作为幼教专业人士应该在幼儿的教育问题上起到的专业引领作用。

五、 家园合作视角下对注意缺陷多动障碍幼儿行为引导的目标设定

对注意缺陷多动障碍幼儿的行为矫正应循序渐进,不能急于求成。教师和家长不可能要求他们变成非常安静的乖孩子,而应分期、分段制定可达到的教育目标,只要在一定阶段内,他们的行为能控制在一定范围内即可。总体而言,行为引导目标设定如下四点。

(一)提高专注力

在教学、游戏、生活等各项活动中,能较之前专心听讲、专注做事。例如,能较为专注地听完教师和同伴的语言后再做出反应,做事能尽量坚持较长时间,并尽可能做到有头有尾、善始善终等。

(二)减少琐碎小动作

能增强对自己身体的控制能力,在教师和家长帮助下,尽量控制自己做出各种小动作的欲望。如在教学活动中,尽可能长时间坐在小椅子上,减少扭动身体、趴在地上、打扰其他小朋友等各种小动作的出现次数。

(三)学会必要的社会生活技能

增强情绪控制能力,尽可能弱化鲁莽行事、不顾后果的风格,讲文明、懂礼貌,知道应与同伴友好相处,掌握发生问题时通过协商、寻求帮助等方式和平解决的人际交往技能。

(四)提升身体协调性和对精细动作的完成能力

针对部分注意缺陷多动障碍伴有身体协调性差、精细动作难以完成等问题,教师和家长还应通过多种方式如体育锻炼、游戏活动等,锻炼其身体协调性,提升精细动作完成能力。

六、 家园合作中幼儿注意缺陷多动障碍的矫正

对注意缺陷多动障碍幼儿的干预措施,首先应以药物治疗为主,同时辅以教育干预,才能达到较为理想的矫正效果。所以,教师应在对幼儿的行为特点进行缜密观察、怀疑其为 ADHD 的基础上,建议家长及时带孩子就医。若确被医生诊断为 ADHD,在遵从医嘱给孩子服药的同时,教师和家长还要携起手来,制定有针对性的教育干预措施,对孩子的病情进行辅助治疗。

(一)幼儿园教师要采取多种措施矫正幼儿的注意缺陷多动障碍

教师可将教育引导和行为疗法相结合矫正幼儿的多动行为。教育引导的功能是教会幼儿必要的社

会技能,主要包括与人交往的方式和技巧,与周围环境的协调配合以及最基本的行为规范,以提高多动症幼儿被同伴接纳的程度。行为疗法的功能是帮助幼儿建立符合社会规范的行为方式,提升幼儿在社会适应、社会认知和注意协调方面的能力。当然,对多动症幼儿的教育引导和行为训练不可能在短时间内完成,必须持之以恒,长期进行。具体而言,可采用以下五项措施。

1. 制定合理的作息时间,培养有规律的生活习惯

首先应让ADHD幼儿按时参加幼儿园一日生活中各个环节的活动,养成有规律的生活习惯,不能因一时任性而迁就纵容。如从早晨入园到早餐、教学活动、户外活动、午睡、喝水、如厕、洗手等各活动环节,教师都要按时特别提醒ADHD幼儿,帮他养成规律化的生活习惯,而不是当大家在按规律活动时,他游离于群体之外为所欲为。午睡时,若ADHD幼儿琐碎动作过多,影响其他幼儿,教师可专门守在他身边,采用诸如轻拍、讲故事等睡眠管理策略帮其助眠,保证此类幼儿有充分的睡眠时间和睡眠质量。

2. 加强集中注意力的引导

应逐步培养ADHD幼儿静坐、集中注意力的习惯,延长其集中注意力的时间。教师可从以下细微之处着手,采取具体措施:

（1）将ADHD幼儿安排在第一排靠近教师的位置就坐,在其旁边安排一些自律性强、踏实认真的幼儿。如此,便于教师及时关注该幼儿,也能使之以自律性强的幼儿为榜样进行模仿学习。

（2）采用一些小技巧提醒幼儿集中注意。在教学活动中,教师可要求ADHD幼儿将手放在大腿下,如此可控制手部多余动作。适当向他提问,使其保持适度紧张的状态,从而集中注意力。当然,若是幼儿仍然走神了,教师可采取轻声点名、眼神交流、轻轻摸头、轻拍肩膀等方式以示提醒。平日里,教师在与ADHD幼儿交谈时,可用手抚摸着他的头、肩膀或拉着他的手,并用眼神注视着他,如此可以清晰地引起他的注意。

（3）在游戏中培养幼儿的坚持性和专注力。游戏是幼儿最好的学习方式,游戏情节的趣味性、多变性和创造性能够吸引幼儿参与其中,并乐于接受游戏规则的约束。所以,利用游戏矫正幼儿的多动障碍具有显著效果。教师可将集体游戏和个别游戏结合使用,让幼儿在玩的过程中提升坚持性和专注力。其中,集体游戏可以保证ADHD幼儿在自然状态下不知不觉地接受矫正,而个别游戏具有更强的针对性。教师要根据ADHD幼儿的实际情况设计游戏情节和规则,利用游戏中的角色行为和规则要求对幼儿的多动问题给予一定的限制。例如,可安排幼儿参与集体游戏"我们都是木头人",当说出"不许说话不许动"的规则时,大家都要保持静止,这对多动障碍幼儿就是一种自制力的有效锻炼,沉浸在游戏情境中的幼儿会为了和大家玩这个有趣的游戏而尽量克制自己。区域游戏中,可引导幼儿多做一些需要专注和安静的个别游戏和活动,如串珠子、分豆子、下棋、绘画、折纸、手工等。

3. 不姑息ADHD幼儿的不良行为

若ADHD幼儿在班内发生了冲撞同伴、扰乱纪律等鲁莽行为,教师不能姑息放纵,而应态度明确地予以批评教育,使此类幼儿建立正确的是非观。当然,教师不能要求ADHD幼儿如正常孩子般遵守各项纪律,在ADHD幼儿现有发展水平上提出适合其能力的要求就好,规则过严、要求过高,反而会使此类幼儿因难以做到而无所适从。

4. 不限制ADHD幼儿的活动,而应帮其将过多精力释放出来

多动症幼儿精力过剩,活动过多,若教师对其限动,他们多余的精力无处发泄,反而越限越动,所以教师应改变思路,让他们做一些有意义的活动,以动制动。可安排幼儿多参加体育活动,如跑步、踢球、跳绳等各种活动,使他们旺盛的精力得以释放出来。

5. 恰当使用强化法

强化法是指应用强化手段去增加某些适应性行为,以减弱或消除某些不适应行为的方法。使用强化法可以增加适应性行为,提高适应性行为发生的可能性,降低不适应行为。针对 ADHD 幼儿,教师可综合使用其中的正强化和消退法,会收到良好的教育效果。如当幼儿出现注意力集中、坚持性好等积极行为时,教师可采用表扬、代币等进行正强化,当幼儿出现扰乱纪律等不良行为时,教师只是冷静地告知他应该怎样做,而不去给予过多的注意和强化,使不良行为逐渐减弱甚至消失。

(二)为注意缺陷多动障碍幼儿的家长提供教育咨询与训练

对患有多动症的幼儿进行行为矫正的一项重要内容就是为这些孩子的父母提供咨询和帮助,因为父母对幼儿的态度会直接影响其症状的改善效果。2003 年,刘津、王玉凤首次在国内为 30 例多动患儿家长进行了为期 10 周的父母培训开放性临床试验,结果其患儿的多动冲动症状总数显著下降,多动冲动症状病例数下降 57%。[①] 所以,教师还应为 ADHD 幼儿家长提供教育咨询,帮助家长改善教育态度和行为,通过家园携手共同促进幼儿发展。

1. 向家长传递注意缺陷多动障碍的科学知识

帮助家长了解注意缺陷多动障碍幼儿的行为特点、形成原因、对幼儿未来发展的负面影响以及矫正策略等,引导家长反思自身教育问题,对幼儿的多动症状引起重视。但要帮助家长对幼儿的问题行为树立正确的教养态度,既不因轻视而忽略,也不因急于纠正而采取粗暴的干预方式。

2. 引导家长改变教养方式,改善家庭关系

父母的教养方式和协调家庭关系的能力是治疗幼儿多动症的前提。饶合兰和许燕山等对 183 名多动症儿童患者的家庭采用解释患儿的病情、废弃打骂歧视等不良教育方式以及对不良行为的批评、对正确行为的表扬等方法进行干预,患者症状明显好转。[②] 可见,应引导家长采取民主型教养方式,对幼儿接纳、尊重、关爱、鼓励,创设宽松自由的家庭氛围,让幼儿身心放松、快乐成长。这也是幼儿身心健康成长的前提和基础。

3. 帮助家长学会教育引导和行为训练的有效方法

教师还应针对 ADHD 幼儿的情况,结合在幼儿园对幼儿实施的干预策略,切实为家长提供一些便于在家庭中实施的实用有效的矫正措施。如在游戏中发展幼儿的坚持性和专注力;学会与幼儿共同制定明确的奖惩协定,有效避免与幼儿之间的矛盾与冲突;通过正强化巩固幼儿积极行为,通过适当的惩罚和消退法,弱化幼儿的不良行为等。

4. 建议家长适当调理幼儿饮食

近年来,不少研究者发现,儿童多动症的发病与饮食有关,尤其与微量元素铁、锌、铜缺乏有关,轻度铅中毒也是病因之一。一位儿童精神病学家在研究儿童多动症时发现,含水杨酸盐和某些附加物质的食品,可使那些有遗传素质的儿童产生多动症。所以,教师可建议家长适当调整多动症幼儿的饮食,多吃健脾补肾的平性食物,如酸枣莲子粥、钩藤燕麦粥、桑椹菊花茶、核桃芝麻糊等。食物中应富含蛋白质、维生素和微量元素,脂肪亦应适当供应,如海鲜、鱼类、菌类、豆类、绿色蔬菜、硬壳果仁、香蕉等。避免使用含铅食具,不吃受铅污染的食物,不饮用含酒精的饮料,不吃油煎食物等,这都将有助于减轻 ADHD 幼儿的症状。当然,这属于医学范畴的问题,所以具体的食疗措施还需家长谨遵医嘱。

---

① 宗尽炎. 对儿童多动症综合性干预措施的研究[J]. 内江科技,2006(7):89.
② 李博,李文才. 儿童多动症的成因分析及教育干预措施[J]. 广东教育学院学报,2009,29(4):20—23.

学练 结合

一、名词解释

注意缺陷多动障碍(ADHD)

二、简答

1. 幼儿注意缺陷多动障碍会对幼儿的发展产生哪些不良影响?
2. 幼儿注意缺陷多动障碍的成因有哪些?
3. 矫正幼儿注意缺陷多动障碍的目标是什么?
4. 如何在家园合作视角下矫正幼儿注意缺陷多动障碍?

三、材料分析

小宇自入园伊始,就是个与众不同的孩子。他性情急躁、易激动,在任何活动中,都无法集中注意,特别容易被外界刺激分心,小动作极多,几乎坐不住,一会儿拽婷婷的小辫子,一会儿和小伟争抢玩具,不停地在班里"惹是生非"。室外活动时,他常常无目的地狂奔乱跑,没有耐心和小朋友们一起做游戏。

为了找到针对小宇的有效教育措施,主班李老师特意向孩子的奶奶了解了家庭情况,原来小宇来自一个特殊的家庭:小宇一岁时父母离异,母亲远嫁他方,父亲外出打工常年不在家,小宇被抛给了爷爷奶奶。爷爷脾气不好,常常把对儿子那种恨铁不成钢的不满发泄到孙子身上,而奶奶对小宇十分溺爱,包办了他的一切。但奶奶又成功心切,恨不得快点把孙子培养成才,所以对小宇的要求十分严苛。了解到这些情况后,李老师决定针对小宇的情况制订一个家园合作的矫正计划,帮助小宇克服行为障碍。

1. 试用所学理论,分析小宇的问题行为属于哪种类型,成因是什么?
2. 针对小宇的行为问题,尝试在家园合作视角下制订矫正计划。

技能 训练

项目一
进园观察一个有注意缺陷多动障碍的幼儿,根据其行为特点,列出需要给予正强化的行为。

项目二
进园观察一个有注意缺陷多动障碍的幼儿,根据其行为特点,列出需要通过消退法进行弱化的行为。

项目三
(游戏创编)针对有注意缺陷多动障碍的幼儿,创编三个既有趣味性又能对幼儿行为带来约束作用的集体游戏,并提出具体的游戏指导建议。

推荐 阅读

[1] 唐芳贵,敬正文.儿童多动症的表现特征及教育对策[J].黔东南民族师范高等专科学校学报,2002,20(4):61—62.

[2] 李博,李文才.儿童多动症的成因分析及教育干预措施[J].广东教育学院学报,2009,29(4):20—23.

[3] 刘黎微,郑碧群,黄苑冰,杜亚松.学前注意缺陷多动障碍患儿与正常儿童家庭功能的比较研究[J].中国儿童保健杂志,2015,23(12):1290—1293.

[4] 姚建玲,邓悦,许行健.注意缺陷多动障碍儿童父母养育方式调查[J].临床儿科杂志,2012,30(3):260—262.

[5] 杨峰.儿童多动症心理饮食调护析义[J].辽宁中医杂志,2005,32(8):845.

第四章

情绪情感中的常见问题行为

第一节 爱 哭

目标导航

1. 分析幼儿爱哭形成的原因。
2. 重视幼儿爱哭行为的影响。
3. 理解并掌握在家园合作中幼儿爱哭行为的矫正策略。
4. 运用所学知识分析并解决幼儿成长过程中爱哭行为的相关问题。

情景 导入

4岁的阳阳小朋友是一位女孩子,长着白净的皮肤、细长的眼睛、薄薄的眼皮,看起来很让人怜爱。但是阳阳太爱哭了,不管是在家里还是幼儿园,只要别人的做法不符合自己的意愿就会立即哭起来。在手工课上,小朋友说"阳阳这里画得有点不好看",她立刻就哭了起来,而且一旦哭起来就没完没了,不达目的誓不罢休,为此家长和老师都不敢惹她。

基本 理论

一、 幼儿爱哭行为表述

哭泣是情绪的一种外在表现形式,它经常出现在幼儿社会性发展的各个方面中。幼儿通过哭泣来表达自己的欲望,生活中我们经常见到幼儿会因为渴望得到关注而哭泣,欲望得不到满足而哭泣。哭泣也是幼儿沟通的一种手段,哭泣经常发生在幼儿情绪不满、语言难以表达的时刻,他们会用哭泣表示自己的挫败感。哭泣是一种交往手段,幼儿通过哭泣使自己的欲望获得满足。哭泣本是一种正常的情绪表达方式,但在幼儿中经常会有爱哭的极端表现、异于正常频率的哭泣表达方式,甚至成为幼儿的一种情绪问题。

幼儿期爱哭行为具体表现为：幼儿遇到问题不会用语言表达，经常因为一点小事而哭泣；哭泣时间较长，难以停止；在哭泣中甚至伴随着大发脾气；哭泣中还可能有一些过激行为，如在地上打滚、打人、语言攻击、破坏物品；哭泣时难以接受安慰和劝阻，甚至是越安慰哭得越厉害；等等。

二、 幼儿爱哭行为的影响

幼儿时期是情绪发展和管理的重要时期，孩子一落地，就用哭声传达着信息，或饥饿或寒冷等，用自身的情绪情感能力求得生存的主动地位，得到母亲等照料者的抚爱。他们用微笑反映舒适与满足，用哭声挽留母亲的离去，适当的情感表达可以促进幼儿的身心健康成长。反之，则会影响幼儿成年后的情绪管理，造成情绪失控，继而影响正常的生活状态。

（一）爱哭对幼儿情绪发展的影响

爱哭会影响幼儿的情绪发展。幼儿如果不会表达，不会控制自己的情绪，遭遇一点挫折和问题立刻用哭来表达不满和达到自己的目的，将会让幼儿经常体验消极的情绪，如沮丧感和挫败感，这些感受则促使幼儿形成消极的自我形象和对自我否定性的评价。爱哭导致幼儿逐渐丧失情绪表达和管理的能力，成年后，缺乏对情绪的管理，经常体验消极情绪会使人脾气暴躁，精神萎靡不振，对学习与生活产生恶劣的影响，严重者会诱发悲观绝望等情绪，产生自卑、自暴自弃等心理……最终影响其生活态度和生活质量。

（二）爱哭对幼儿人际关系的影响

幼儿期爱哭将会影响亲子关系、同伴关系、师幼关系的建立。幼儿期人际关系主要包括亲子关系、同伴关系、师幼关系，正常的情绪表达在人际关系中起着信号作用，是人际交流的重要手段。面部表情的喜怒哀乐，声音表情中的音调变化都显示主体的情绪状态，他人从这些外在的表现中得知对方对一定事物的好恶态度，在交往中哭表示自身的不满和对事物否定的态度。爱哭的幼儿会感染其他人的情绪状态，甚至爱哭的幼儿在情绪表达时经常伴随一些反社会行为，如攻击行为、破坏行为，让别人也被动地处于消极状态中。在交往中爱哭的孩子会导致同伴远离，令父母有挫败感，教师也会产生无力感，从而导致周围人采用冷漠或远离的方式与之相处，无疑会影响幼儿良好人际关系的建立。

（三）爱哭对幼儿能力发展的影响

爱哭影响幼儿解决问题能力的提高。幼儿遭遇一点挫折不用语言表达，不努力思考解决问题的方法，反而立刻用哭表示不满，并对他人进行"威胁"，导致他人妥协就范。若长此以往，幼儿建立一种错误的认知，哭可以解决一切问题，幼儿不仅不学习如何控制、调节这一情绪表达方式，甚至把它作为一种人际交往的手段。慢慢地，幼儿遇到问题就不会寻找更好的解决方式，幼儿解决问题的能力无法得到锻炼提高，甚至会出现倒退现象。当成年后，发现哭不再能帮助自己达到目的，但又找不到其他更好的解决方法，因此产生严重的挫败感，影响个体生活、交往等解决问题能力的提高。

三、 幼儿爱哭行为成因分析

哭本是一种正常的情绪表达方式，婴儿一出生就会哭，并通过哭来表达自己的需要，得到周围人的关注,向周围人传达信息,这是最初的人际交流。但有的孩子却形成爱哭的不良情绪问题,我们分析主要有以下三个原因。

(一) 父母错误的情绪反馈

情绪没有好坏之分,只要是情绪,都是正常的。但是我们往往不喜欢负面情绪,认为那是坏东西,应该压制下去。其实负面情绪是上天赐给我们的礼物,它们有助于我们的生存,保护我们不受伤害。尤其是幼儿阶段,孩子语言表达能力有限,有时只能用哭表达自己的不满。但成人往往受不了孩子的负面情绪,内心希望他们痛快地接受任何失望,不要哭闹。所以面对孩子最初的哭泣,有的家长采取强行压制或妥协的态度,不能给予孩子积极的、客观的反馈。在这样的体验中,孩子或者因为长时间的压抑、挫折而变得更爱哭,或者因为父母的妥协而把哭作为"威胁"他人达到自己目的的手段,长此以往,反而让幼儿形成了情绪问题。

(二) 家庭教养方式的影响

良好的亲子关系、和谐的家庭氛围是幼儿良好情绪培养的重要条件。父母是孩子的第一任教师,家庭是人生教育的起点,是人成长过程中的重要因素。幼儿的情绪表现和状态也受父母教养方式的影响。家庭教养方式这一概念最初是由美国心理学家保姆瑞德在 1967 年提出的。对于家庭教养方式的定义有很多种,顾明远认为家庭教养方式有广义和狭义之分:广义的家庭教养是指家庭成员之间相互实施的一种教育;狭义的家庭教养就是指由家长(主要是父母)对其子女及其他年幼者实施的教育。也有人认为,家庭教养方式是指父母在抚养、教育幼儿的活动中通常使用的方法和形式,是父母各种教养行为的特征的概括,是一种具有相对稳定性的行为风格。家庭教养方式分很多种,民主型家庭教养方式亲子关系比较积极,家长具有较高的民主意识,经常与孩子沟通,能够理解孩子的个性和独立性,孩子在民主型家庭成长起来,能有更好的社会适应能力和情绪情感状态。溺爱型的家庭沟通也比较好,但这样的家庭过多的迁就和溺爱孩子,很少惩罚孩子,使孩子在成长过程中没有形成很好的独立性,过分依赖家长,久而久之,幼儿容易养成万事需家长代替帮忙解决,生活中稍有困难就会茫然不知所措,不会解决问题,只能用哭来表达自己的无助,一旦遭受挫折心理承受能力也差,只能用哭解决问题。放任型的家庭对孩子的限制较少,给孩子较多的自由和自主,在一定程度上有利于形成孩子的适应社会的能力。但由于家长影响较少,他们的社会认知意识比较薄弱,在情绪情感处理和同伴关系上存在一定的缺陷。专制型的家长会对孩子的所有行为进行监管,要求孩子绝对服从自己。这种教养方式影响良好的亲子关系,还容易养成孩子的依赖性及懦弱性格,孩子也容易出现爱哭行为表现。

(三) 幼儿自身因素

一般具有以下性格特点的孩子更容易形成爱哭的行为:胆小、敏感、心理承受能力差,或者比较任性、娇气。性格影响行为模式,对于幼儿来讲,抑郁质气质类型的孩子更容易形成以上的性格特点,因此出现爱哭行为的可能性也更高,但这种可能性是否变成现实还要看家庭教养方式以及幼儿的生活环境。

四、 教师和家长面对幼儿爱哭行为的常见做法

幼儿对自己情绪的认识和掌控是一个漫长的过程,我们需要接纳他们的情绪,把每一次情绪体验都当作辅助他成长的机会。情绪管理是孩子自己的事情,我们只能引导、帮助,所以不要因为孩子不高兴而感到自己的失败。

在现实生活中,我们经常看到幼儿出现爱哭行为时有不少家长和幼儿园教师的做法欠妥或是错误的。

(一)幼儿家长的错误做法

有些幼儿家长不能接受幼儿的爱哭行为,孩子一哭家长情绪就处于急躁、愤怒的状态,立刻训斥幼儿,并且要求幼儿立刻停止哭泣,不允许幼儿表达情绪。家长的这种单纯控制幼儿宣泄情绪的做法,最终只会使幼儿的正常哭泣的情绪表达变成一种爱哭的情绪问题,也会使幼儿错误地认为家长是不是不够爱他,进而影响亲子关系。

有些幼儿家长则相反,幼儿出现爱哭行为后家长一味地顺从,听之任之,只要幼儿停止哭泣,一切愿望都会实现。久而久之,幼儿就把哭当作了"威胁"家长的手段、解决问题的"金钥匙",最终使幼儿的情绪问题越来越严重。

家长的两种表现都是因无知引起的,需要幼儿园教师加以指导。

(二)幼儿园教师的不当做法

虽然幼儿园教师经过了专业学习,但有的教师也不能正确认识幼儿的爱哭行为。有的教师对幼儿的爱哭行为产生厌烦情绪,因此对幼儿采用冷漠的处理态度,你哭你的,我做我的,视而不见,实施冷暴力。孩子在得不到回应的时候要么没完没了地哭,要么不再哭泣,但是不管哪种结果都会影响师幼关系,幼儿会认为老师不喜欢自己、讨厌自己,而幼儿又找不到解决问题的办法。对自己的行为无能为力,会让幼儿产生强烈的挫败感、无力感,甚至影响幼儿的性格形成。

有的教师疲于应付幼儿园的日常事务,对于有爱哭行为的幼儿没有精力和有效方法应对,往往采取听之任之的态度,会和其他幼儿集体采取妥协态度,只要他不哭,大家就都迁就、忍让他,久而久之也助长了幼儿问题行为。

五、 家园合作视角下对幼儿爱哭行为的目标设定

● 幼儿园教师和家长要能够正确区别什么是正常的情绪表达,什么是爱哭的情绪问题,了解爱哭情绪行为的日常表现以及影响因素。

● 对有爱哭行为的幼儿,引导幼儿会用正确的方式积极的表达、控制、调节情绪,针对爱哭行为能制定有效的解决策略,并具备在日常生活中实施策略的能力。

● 家长和幼儿园教师具有良好的情绪状态,能有科学的方式表达、控制、调节自己的情绪状态,经常能以积极的情绪状态面对幼儿,为幼儿提供管理情绪的良好榜样示范。

六、 家园合作中幼儿爱哭行为的矫正

幼儿的情绪管理是一个很重要的教育内容,幼儿在成长过程中需要家长及幼儿园教师的指导与帮助,学会表达、控制、调节自己的情绪,克服爱哭行为,做自己情绪的主人。

(一)在幼儿园通过教育活动帮助幼儿调控爱哭情绪问题

幼儿园教师作为专业、权威的幼教工作者,应会用科学的理念、方法解决幼儿常发生的各种情绪问题,为家长提供专业技术支持,与家长共同分析问题、解决问题。

1. 在集体教育活动中矫正和管理幼儿的爱哭行为

幼儿园集体教育活动都是根据政策性、纲领性文件、幼儿身心发展特点来设计内容的,教师可根据情况设计专门的情绪管理活动,在集体活动中帮助幼儿认识自己的情绪,知道人人都会有喜怒哀乐,哭也是一种正常的情绪表达。但是,除了哭还会有更多的表达方式和问题解决方式,要学会在不同的场合控制自己的情绪,遇到问题多想想如何解决;当自己心情不好想哭时,可以做一些让自己高兴的事,比如找小朋友玩一会儿,和老师说说自己的麻烦,还可以看会儿动画片等,都会让自己心情好起来。

2. 个别教育

幼儿出现爱哭情绪问题时,幼儿园教师可以运用个别教育的方式,针对幼儿的具体表现和问题与幼儿进行交流沟通,了解幼儿的情绪问题,了解幼儿所思所想,对幼儿的哭泣要表示理解和同情,然后和孩子共同寻找解决问题的办法,帮助幼儿从依赖逐渐走向独立。教师还要与家长进行沟通,了解幼儿的生活环境、家庭教养方式、幼儿的性格特点、家长的情绪管理情况等,与家长共同研究制定有针对性的问题解决方案,为家长提供专业技术支持。

沟通中注意两点:第一,平等原则,幼儿园教师切忌指责家长,要站在与家长相同的立场上,以促进幼儿心理发展为前提,共同寻找解决办法;第二,真诚原则,幼儿园教师切忌告状,要客观描述幼儿在园表现,如出现的爱哭情绪问题,并给家长提供一些切实有效的具体的可操作性做法,既要提出问题,还要帮助解决问题。

3. 绘本阅读

绘本是指图画与文字相辅相成的图画故事书,是表达情感和有主题的读本。绘本中要阅读的不仅仅是文字,还要从图画中读出故事,绘本阅读对培养孩子的认知能力、观察能力、沟通能力、想象力和创造力以及情感发育,都有着难以估量的潜移默化的影响。同时,欣赏绘本是一种让眼睛享受、让心灵愉悦、让精神提升的美妙体验。

针对有爱哭情绪问题的幼儿,我们可以有针对性地选择绘本进行阅读,如《生气的亚瑟》《菲菲生气了》《胆小鬼威利》。还有一些系列情绪管理绘本,通过这些绘本的阅读让幼儿认识到人人都会有不如意的时候,都会有受挫折的时候,我们会难过、愤怒、伤心,但除了哭以外,我们还有很多表达情绪的方法,而最终我们都是要想办法解决问题。当困难、问题来了,我们多想想怎么办。通过长期的绘本阅读,帮助幼儿学会表达、控制、缓解情绪,把注意力关注在问题解决层面而不仅仅是情绪层面。

(二)在家庭中帮助幼儿调控爱哭情绪问题

1. 家长的榜样示范

家长是幼儿的第一任教师,家长很多的做法和解决问题的态度都是在生活中潜移默化影响幼儿的。一个有问题行为的幼儿背后一定会至少有一个或几个有问题的家长,或者说幼儿的问题基本上都是家长的问题。因此,家长首先要学会完善自己,学会管理、调控自己的情绪,约束自己的不良行为,为幼儿提供良好的榜样示范。

2. 培养幼儿良好的性格

培养幼儿良好的性格,活泼、开朗、乐观、坚强的意志等,这些都是对抗不良情绪问题的良药。这就需要家长营造良好的家庭氛围,建设温馨的家庭生活环境,建立良好的亲子关系、和谐的夫妻关系,这都是幼儿生活最有利的生活条件,比很多科学的教育方法都有效。

3. 建立科学的家庭教养方式

我们一般认为民主型家庭教养方式是最有利于幼儿成长,父母应尊重幼儿,遇事多与孩子沟通,培养孩子的独立性,锻炼孩子的自理能力,真诚接纳孩子的一切,使孩子有自信、有自尊感,当遇到困难与挫折时有能力解决问题,自然情绪问题就会得到缓解。

4. 提供人际交往的机会

家长多为幼儿提供人际交往的机会,带孩子走出家庭,来到广大的自然环境、社会环境中去,指导幼儿与其他同伴及成人的交往。当孩子会并喜欢与他人交往时,很多遇到的困难和挫折问题自然就有了解决的方法,进而幼儿的爱哭情绪问题会得到缓解。

(三)家园合作调控幼儿爱哭情绪问题

家园教育观念应一致,共同为调控幼儿的情绪问题做出一致的努力。幼儿园经常为家长提供专业的技术支持,彼此了解幼儿在不同环境的表现,并把幼儿园中的教育活动延伸到家庭中来,家园共同为幼儿的情绪问题制定矫治和管理策略,才能达到事半功倍的效果。

学练 结合

一、名词解释

爱哭行为　家庭教养方式

二、简答

1. 幼儿爱哭行为形成的原因有哪些?
2. 幼儿爱哭行为的影响有哪些?

三、材料分析

5岁幼儿灵灵每天总是哭,在幼儿园稍有不如意便立刻大哭起来。她想坐红色的椅子,可是有人捷足先登,她二话不说就大哭起来,然后用手偷偷掐坐红椅子的小朋友;小朋友排队上厕所,有人插队,她立刻哭起来厕所也不上了,甚至哭着哭着尿了裤子;午睡起来后发现自己尿裤子了,也不告诉老师,自己坐在床上哭了起来,也不肯起床。为此老师和家长都很头疼。

请问如果你是该名幼儿的老师,你会如何制定策略解决这一幼儿的问题?

技能 训练

项目一
设计一份培养幼儿良好情绪的社会教育活动方案。

项目二
设计一份访谈问卷,了解爱哭幼儿在幼儿园及家庭的具体表现。

项目三
利用实习时间进行爱哭幼儿行为的个案研究。

推荐 阅读

[1] 龙吟,孙斌.幼儿心理与行为透视[M].合肥:安徽人民出版社,2002.
[2] 王维.中班幼儿哭泣行为研究[J].亚太教育,2012:227—228.

第二节　爱生气、发脾气

目标导航

1. 分析幼儿爱生气、发脾气的原因。
2. 重视幼儿情绪行为问题的影响。
3. 正确进行矫正幼儿爱生气、发脾气行为的目标设定。
4. 理解并掌握在家园合作中幼儿情绪行为矫正的策略。
5. 运用所学知识分析并解决幼儿生气、发脾气时的相关行为问题。

情景 导入

孩子还没养大成人,可脾气却越来越大,动不动就发火,孩子发脾气时怎么办呢?

案例一:

小 A,男孩,4 岁 3 个月,性子急爱发脾气,走路时不小心被什么东西绊倒了,他就对着那个东西发脾气,责怪那个物体。比如,有一次小 A 被小椅子绊了一下,他就生气地踢着椅子说:"讨厌的椅子,谁让你绊我的! 看我不把你踢烂! 叫你再绊我!"有时达不到他的要求他也会又哭又闹,还会四处找东西摔打。

案例二:

小峰是一个 4 岁的男孩,半年前因父母工作调动换了一家幼儿园,为了帮助小峰尽快适应新环境,老师开始对他很关心,但是随着新的小朋友的陆续入园,老师的关注逐渐减少。一个月前老师发现小峰越来越爱发脾气了,动不动就打小朋友,还抢夺别人的玩具。这个身体瘦弱个子不高的好孩子怎么突然变成了小霸王?

基本 理论

一、 幼儿爱生气、发脾气行为的表述

生气是由于他人或他事妨碍目的的达到,从而产生不愉快的情绪,甚至接近于发怒的状态。心理学家研究表明,任何一个心理健康的人,都有积极和消极情绪,孩子也不例外,也会生气、发脾气,这也是极

其自然的情绪表达方式,在儿童群体中是普遍存在的。尤其是3～6岁的幼儿正处于第一生理反抗期,喜欢用发脾气的办法来表示独立愿望和反抗意识等。但是需要注意的是,幼儿一旦"发脾气"成为一种习惯,它将以"常客"的身份出现在孩子的日常生活中,如果得不到正确的引导和及时的纠正,就会潜移默化地影响着孩子的发展,影响孩子对环境的适应能力,使其难以应对挫折。

根据幼儿日常行为抽样调查研究数据显示,幼儿生气时的行为反应如下:12.9%的幼儿生气时的行为反应是哭,不声不响,皱眉头,翘嘴巴;10.9%的幼儿去找老师告状;5%的幼儿生气时会打人;4%的幼儿踩脚、大叫;3%的幼儿握紧拳头,咬牙切齿地表现自己的愤怒;2%的幼儿生气的时候会说话声音大、扔玩具、骂人、用白眼看别人、绕衣角、自己打自己;10.9%的幼儿没有明显的行为反应。

综合以上数据,一般可以将幼儿生气时的行为反应分为恰当反应、告状、迁怒行为、指向自我四类。

二、 幼儿爱生气、发脾气行为的影响

情绪是人与生俱来的,就像存在心智中的种子伴随和贯穿着我们思想行动的始终,与我们的生活密不可分。有研究指出,6岁以前的情感经验对人的一生具有恒久的影响,孩子如果性格急躁、易怒、悲观、具破坏性等,会在很大程度上影响其今后的个性发展和品格培养。如果负面情绪经常出现而且持久不断,就会对个人产生持久的负面影响,使人感到难受,抑制人的活动,使其活动起来动作缓慢、反应迟钝、效率低下,还会减弱人的体力和精力,在生活中易感到劳累,精力不足没兴趣,进而影响孩子的身心健康与人际关系的发展。

(一) 对健康的影响

现代科学不断地证实情绪和健康之间存在着紧密的联系。美国生理学家艾尔玛的实验研究将人在不同情绪状态下呼出的气体收集在玻璃试管中,冷却后变成水发现:

人在心平气和的状态下呼出的气体冷却成水后,水是澄清的;

人在悲伤状态下呼出的气体冷却成水后,水中有白色沉淀;

人在愤怒状态下呼出的气体冷却成水后,将其注射到大白鼠身上,几分钟后大白鼠死亡。

人在生气时的生理反应非常剧烈,同时会分泌出许多有毒性的物质,消极情绪长期存在,生理变化不能复原时,情绪压力就会损害健康。

(二) 对智力的影响

积极的情绪有助于智力的发展,消极的情绪会抑制智力水平的提高。科学研究表明,情绪积极、乐观的儿童智力水平要比情绪悲观、忧郁的儿童智力水平高。智力水平不仅体现在智商上,还体现在记忆、思维、创造、想象等众多方面上。

(三) 对人际关系的影响

情绪不仅影响个人的生活,也会影响身边人的生活。情绪具有传染性,当一个人情绪不好发脾气时,周围的人都会受到影响,当一个孩子经常发脾气时,父母常常会感到无力甚至怀疑自己的能力,进而影响亲子关系、夫妻关系等。一个爱发脾气的人,与同伴友好相处的体验也会降低,不容易交到朋友,长大后也会遇到人际关系的危机。

既然孩子发脾气是表达情绪的一种方式,家长要注意及时关注并引导孩子用适宜的方式宣泄不良情绪。

三、 幼儿爱生气、发脾气行为的成因分析

发脾气是一种表达情绪和需要的方式,也是一种沟通与交流的手段。在2~6岁幼儿中乱发脾气属于一种常见的问题行为。幼儿乱发脾气有其生理、心理上的原因,也有教养方式以及生活环境的影响。乱发脾气行为会伤害亲子关系,形成恶性循环,还容易使幼儿在同伴中成为不受大家欢迎的人。因此,我们应该认真分析幼儿发脾气行为背后的原因,认真对待和正确引导。

(一)幼儿自身的原因

1. 不懂得正确的表达方式

刚出生的婴儿已经开始表达自己的要求了,当他们饿了、病了就会哭,家长一听到哭声就会马上满足幼儿的需求。在没有语言表达前,婴儿只会用哭来表达需求。随着身心的成长,孩子会掌握一些简短的词和句,家长如果不去积极关注和理解孩子的意图,并对其表达方式加以积极引导,孩子会发现哭闹仍是最有效的表达方式。一旦孩子发现大哭大闹、发脾气能快速满足自己的需求时,就会不断地使用这种方式,甚至变本加厉,久而久之便养成了通过乱发脾气来代替其他表达方式的习惯。

2. 引起注意

以自我为中心、需要得到他人的关注是2~6岁幼儿共同的心理需求。有时候,幼儿发脾气是因为没有得到足够的关注,感觉受到了冷落。当家长在忙于其他事情无暇顾及和认真回应幼儿时,幼儿就会做出一些举动来引起家长的注意,或吵闹或哭泣,仍未引起关注就会发脾气,甚至不断升级发脾气的行为,直到得到关注为止。

3. 宣泄负面情绪

幼儿的成长过程中会体验到各种负面情绪。当他们的要求遭到拒绝会感受到愤怒,在游戏失败时会感受到失落,看到同伴拿着自己没有的玩具时会感受到嫉妒,在收到批评时会沮丧、难过……成人在面对这些负面情绪时会通过各种方式来宣泄,但对于幼儿来说,他们宣泄的途径有限,常见的就是无故地哭闹和乱发脾气。

(二)家长不合理的教养方式

1. 迁就放任、缺乏耐心

虽然我国生育政策已做出调整,但目前的家庭模式仍以"4+2+1"居多,这种模式使幼儿成为家庭的中心,祖辈、父辈对孩子百般迁就、溺爱,缺乏一定的生活常规和行为准则约束。幼儿在日常生活中,尤其是祖辈协助抚养过程中,孩子想要什么就给什么,说一不二;遇到任何事情,孩子只要一哭闹,家长马上就会妥协。家长认为孩子还小,长大就会好。

有的家长在幼儿发脾气时,不去了解幼儿情绪背后的原因,只去简单地满足幼儿提出的甚至不合理的要求,希望赶快止住哭闹以息事宁人。家长认为只要孩子不哭不闹,什么都好说。殊不知这种教养方式就是纵容孩子乱发脾气的助推剂,不仅不利于幼儿学习正确的表达需求的方式,更不利于幼儿控制情绪能力的发展。

2. 教育缺乏一致性

教育的一致性不仅在于家庭成员间的一致态度上,还在于不同时间、地点时教育态度和方式的一致性。例如:孩子发脾气时,祖父母与父母或父母之间对待孩子的态度不一致,会在一定程度上强化孩子乱发脾气的不良习惯;还有一些家长对待孩子发脾气的行为前后不一,在家坚持原则,而在一些公共

场所碍于面子,违背了自己坚持的家庭教育原则等,这种做法会让孩子的思维陷入混乱,不知道到底该如何表达。

3. 不良情绪导致"踢猫效应"对幼儿形成不良示范

踢猫效应是指对弱于自己或者等级低于自己的对象发泄不满情绪而产生的连锁反应,描绘的是一种典型的坏情绪的传染。例如:A爸爸在单位受到领导的批评,回到家看到儿子在沙发上跳来跳去,玩的玩具布满了房间,上来就是一顿臭骂,儿子莫名其妙地遭受批评,心情也糟糕到极点,于是将玩具狠狠地扔进了整理箱……

在生活或工作中成人不能很好地控制自己的情绪,遇到问题用乱发脾气、摔东西、呵斥家人等方式排解心中的压抑,这些行为会对幼儿造成错误的示范,幼儿容易效仿。另外,当幼儿发脾气时,有的家长会用更大的脾气来回应,久而久之也会对幼儿造成误导,幼儿也就学会了以暴制暴的表达方式。

四、 教师和家长面对幼儿爱生气、发脾气行为的常见做法

(一)堵而不疏

从日常中与家长的交流中得知,当幼儿生气、哭闹、发脾气时,很多家长容易采取的方式是"堵"而不"疏"。家长通常用威逼和高压的方式试图制止孩子的情绪表达:"不许再哭了,再哭我就把你的玩具全部都丢出去!"……这样的方式可能短时间内是有效的,幼儿往往迫于家长的压力止住了情绪的表达,但很容易使幼儿积压消极情绪,甚至在心里对父母产生抵触情绪。即便幼儿当时停止了发泄,但其内心并未平静和舒畅,对孩子情绪能力的发展有弊而无利。

(二)以消制消

幼儿在消极情绪的表达中,很容易让家长也失去情绪的平和状态,转而被幼儿激怒,采用同样的消极情绪的表达方式应对。当幼儿发脾气时,一些家长习惯使用语言暴力制止幼儿,如:"就知道哭,哭有什么用?""你再哭不要你了。"……有的家长甚至用体罚的方式制止幼儿的情绪表达。这样的应对方式一方面容易恐吓到幼儿,有可能造成幼儿胆小、自卑、焦虑等更多心理问题;另一方面,这种应对方式本身就给幼儿一种错误的情绪表达示范,更不利于幼儿的长远发展。

(三)以利制闹

有时家长为了尽快让孩子停止消极情绪的表达,常常会提出一些利益的诱导来止住幼儿的哭闹、乱发脾气。比如:孩子因某事哭闹不止时,家长便以不哭了就买玩具、买好吃的等利益上的诱惑来让孩子停止哭泣或发脾气。这种做法表面上似乎使孩子停止了消极情绪的表达,但无形中却让孩子知道原来这样可以满足自己的要求,形成一种条件反射。幼儿获得这些经验以后也会用这种方法来达到自己的目的和要求,使发脾气成为自己的一种"武器",迫使父母达到自己的要求,这不仅对幼儿本身情绪能力的发展无益,而且还可能助长了幼儿爱发脾气的习惯。

五、 家园合作视角下爱生气、发脾气行为的目标设定

(一)了解孩子的气质类型

气质不可改变,但可以改变对待的方式。研究显示,人的气质是天生的,每个人在出生时就有自己独特的气质,从婴儿到成年,每个人都用自己的行为模式与外界交往。孩子的气质中一半是遗传,另一

半则源于孩子的身体、心理因素和周围环境。气质会导致行为问题,但对于个体来说,气质都是正常的。了解孩子行为问题的最好方式是观察他与周围环境不和谐时的气质表现,接受孩子的气质并改善周围环境,使之与孩子的气质协调一致。因此,认识到气质是与生俱来的、正确理解孩子的气质有助于帮助孩子最大限度地协调自己与家庭及社会环境的关系。

(二) 悦纳幼儿的不良情绪

爱生气、发脾气虽然是孩子的负性情绪,但却是同幼儿需求满足与否有关。首先,我们应该去了解幼儿情绪背后的需求;其次,可以通过语言、表情、肢体等方式表达对幼儿情绪的认同,认同和悦纳幼儿的情绪可以拉近与幼儿的距离,增进心理联结,彼此产生亲密和信任的关系,对化解情绪、解决问题有积极的意义和作用。

(三) 给予支持性回应,采取共情策略,降低幼儿情绪的张力

对幼儿成长中的问题行为,成人应树立正确的理念。消极情绪体验是幼儿对自我和外界事物挑战的一种反应,出现发脾气的反应正是培养幼儿情绪能力的良好契机。面对幼儿的负性情绪,首先应保证自身情绪不受幼儿生气情绪的扰动,在平静的状态下处理幼儿的情绪。若成人和幼儿均不能冷静,则需要"积极暂停"进行冷处理,等平静后再对幼儿进行情绪安抚。待幼儿的情绪张力降下来后,再给予具体的建议去处理情绪。

(四) 帮助幼儿认识、了解、表达和控制情绪

觉察情绪和表达情绪是情绪管理的要素。3～6岁儿童对情绪已有大致了解,能表现出愤怒、恐惧、欢愉、惊讶等情绪。作为老师和家长很重要的工作,就是及早重视孩子的情感要求并对孩子情绪做出正确的引导,帮助孩子学会倾听和表达愤怒的情绪,不压制,并善于克制和把握自己的情绪。做好"情绪管理",不仅有助于提高孩子的社会交往与解决问题能力,还能帮助孩子形成良好的心理品质。

六、 家园合作中爱生气、发脾气行为的矫正

(一) 剖开问题看成因

情绪总是由事件引发的。我们应该悦纳的是幼儿生气、发脾气背后的需求信息,而不是幼儿乱发脾气的行为。因此,我们要首先了解和总结引发幼儿发脾气的事件有哪些。

受到批评: 受到成人(老师或家长)或同伴的批评。

同伴争执: 同伴之间争抢玩具,或者争论游戏规则、被欺负等。

需要未满足: 想做的事因受到成人或同伴或现实情况的阻碍未能达成。

了解了幼儿爱生气、发脾气原因,再面对幼儿的行为我们就能够对症下药,达到事半功倍的效果。

(二) 抓住关键求方法

下文中通过一个案例来学习如何应对幼儿生气、发脾气的行为。

案例: 区域活动时,幼儿 A 在建构区搭积木。他将许多积木叠在一起搭高,当搭到第五块时,积木倒塌了,于是他继续将倒塌的积木叠高,当搭到第五块时,积木又倒塌了,这时幼儿 A 突然一下将所有的积木推倒,大声哭闹起来……

1. 判断——成为幼儿生气、发脾气原因的诊断者

要想对幼儿的爱生气、发脾气的行为进行引导，首先需要积极探寻幼儿问题行为产生背后的原因。唯有真正了解了原因，才能有针对性地进行沟通和疏导。

针对上述案例，运用我们学习过的幼儿生气、发脾气时的行为表述和成因进行分析判断。幼儿A发脾气的原因属于需求未得到满足，那么我们首先要做的就是接纳幼儿的情绪。

2. 接纳——成为幼儿消极情绪表达的倾听者

爱生气、发脾气虽然是消极情绪的表达，但不意味着这些情绪的表达和宣泄就是坏的。很多情况下这些情绪的产生是幼儿获得心理成长和平衡的必经之路，问题的关键不在于情绪本身，而在于如何用合理的方式表达和宣泄，达到心理平衡。因此，我们应真诚地接纳这种表达，当孩子出现不恰当行为或有出乎意料的想法时，不以成人的偏见认为是小题大做，应以理解的态度对待。

针对幼儿A的哭闹行为，我们可以说："积木塌了，老师（妈妈）也觉得这是一件很沮丧的事。你需要帮助吗？"同时在幼儿不抗拒的情况下，可以抱一抱幼儿进行肢体上的安抚。幼儿情绪稳定之后，结合日常对幼儿A的观察了解基础上，降低材料难度，或提供多种支持，如通过参与幼儿搭建、提供图片等方式使幼儿获得必要技能来支持幼儿A的活动，以增强其信心。

在理解的基础上进行引导，调节孩子的情绪。通过这样的疏导，一方面让孩子学会恰当地描述自己的情绪，另一方面也可以让孩子感受到老师、家长充分地关注了自己，并愿意与自己一起分担。

3. 提升——成为幼儿情绪能力管理的引导者

幼儿情绪能力管理的能力就是我们常常说的做情绪的主人，一是要让幼儿学会充分地表达自己的情绪，不压制情绪；二是要善于克制自己的情绪，善于把握表达情绪的分寸。老师和父母都要重视孩子的情感需求，并对情绪做出正确引导，帮助孩子在一个个的事件中认识、了解和控制自己的情绪，学会理解他人，为拥有优质的情商打下基础。

回到幼儿A的案例中，针对幼儿A的行为，在正确判断原因、真诚接纳其情绪、提供适宜支持之后，我们要做的就是要选择合适时机引导幼儿A学习失败时的求助方法。

（三）家园配合共提升

家庭是孩子成长的主要环境，家长对幼儿问题行为的引导与纠正起着不可忽视的作用。

首先，应引起家长的关注和重视。教师充分发挥主导作用，针对班级中出现的爱生气、发脾气的个案进行收集整理，通过家长会、家长沙龙、育儿讲座、联系栏等形式，有目的有步骤地带领家长从专业的角度进行案例分析共享以及相关专业知识的普及，使家长重视幼儿表现出的情绪行为问题，懂得用教育科学的视角去看待，并及时与老师进行沟通。

其次，提供专业的情绪管理指导。教师要运用自己的教育经验和专业知识，为家长提供科学的方法，引导家长学习运用幼儿不良情绪行为的矫正策略，采取一致的教育措施；做到家园教育一致，保持教育的持续性和有效性；增强家园教育的合力，共同促进幼儿的身心健康发展。

（四）几种不良情绪行为的应对策略

1. 冷处理

在幼儿无故乱发脾气时，成人可以忽视其行为采用冷处理的方式应对。因为处在气头上的孩子，不管是亲人的说教、搂抱，还是老师的训斥基本上都不会起作用，通常情况下，幼儿在最终放弃这种行为之前会加倍哭闹，这个时候哪怕只是瞥一眼，幼儿也会受到鼓舞继续闹下去，而且只增不减，所以就看成人是否沉得住气，坚持用冷处理对待。

　　在孩子情绪稍微有缓和的情况下,成人也可以简单明了地说几句,但一定不要多说,因为多说无益。如果幼儿哭闹得更厉害也不必生气,因为这表示他没有听进去你的话。

　　当幼儿气消了、恢复平静后,我们可以采取忽视法,若无其事地欢迎他即可,切记不要说有关幼儿当时哭闹的话。

　　2. 避免诱发幼儿发脾气的场所和情境

　　如果幼儿因为在活动过程中无法顺利完成任务而沮丧、生气,教师可以根据实际情况调整任务的难易程度、策略性地提供必要的帮助和支持,让孩子能够顺利完成任务,切记不要包办代替剥夺幼儿的主动权。

　　3. 态度一致、坚定,防止幼儿的侥幸心理

　　有经验的家长或是老师会发现幼儿懂得察言观色,有客人在或在公共场所,幼儿会表现得更加任性、胡闹,甚至是不可理喻。这就要求成人一定要以身作则,说到做到,在不良情绪面前一定要表现得态度一致、坚定。如果孩子胡闹打扰到了其他人,成人可以把孩子领到人少的地方,告诉孩子影响到别人是很不礼貌的行为,要懂事。如果孩子仍哭闹,成人可以立即采取行动,为了证明你是说到做到,可以带孩子离开,让孩子明白在哪里都不能犯错。

　　4. 及时解决

　　幼儿的记忆短暂而模糊,因此,成人及时解决可以说是控制幼儿发脾气行为的关键。不要事后再惩罚孩子,因为时间久了点,也许幼儿已经忘记了"发脾气"这件事或发脾气的原因,成人再予以惩罚也无济于事。

学练 结合

一、名词解释

生气　踢猫效应

二、简答

1. 幼儿爱生气、发脾气的原因有哪些?
2. 幼儿爱生气、发脾气的行为会给其成长带来哪些影响?

三、材料分析

　　小博小朋友在游乐场,因为没玩上蛙跳机大哭大闹不止,引得众人纷纷侧目,爸爸妈妈怎么劝都无济于事,实在没办法便说:"宝宝不哭了,妈妈给你买最喜欢的那架遥控飞机。"

　　问题:家长的做法是否可取?幼儿园教师该如何对家长进行指导?

技能 训练

项目一
按以下要求模拟组织一次家长会。

要求：幼儿父母都参加。

主题：

1. 宝宝生气表现及父母应对方式分享。（三个家庭为一组，每组贡献一个案例）

2. 从专业角度引导家长反思自己的应对方式是否有不妥？应该如何去调整？

项目二

设计一份针对纠正幼儿生气行为的活动方案。

推荐 阅读

［1］姜爱玲.被忽视的童言［M］.北京：商务印书馆，2013.

［2］William B. Carey.帮你了解孩子的气质［M］.北京：中国轻工业出版社，2002.

［3］贺微.世界著名心理学家阿德勒［M］.北京：北京师范大学出版社，2013.

第三节 嫉 妒

目标导航

1. 分析幼儿嫉妒行为的特点以及形成原因。
2. 重视幼儿嫉妒行为对其心理发展的影响。
3. 正确矫正幼儿嫉妒行为的目标设定。
4. 理解并掌握在家园合作中幼儿嫉妒行为的矫正策略。
5. 运用所学知识分析并解决幼儿生活、学习中嫉妒行为引发的相关问题。

情景 导入

大班幼儿轩轩是一名长得帅气、穿戴时尚的男孩子，在日常教学活动中乐于表现，不仅聪明，动手能力、语言表达能力、组织能力也较强，经常以小班长自居。集体教学中总是能积极踊跃地举手回答问题，当老师没有叫到他时，他会表现出很生气，并狠狠瞪一眼被叫的小朋友。当回答问题小朋友受到老师的表扬时，他会小声嘀咕，"一点也不好，我说得比他好多了"。活动结束后，他竟然还会拉拢其他小朋友排挤受到表扬的小朋友。通过老师一段时间的观察分析，发现他属于嫉妒心较强的幼儿。

基本 理论

一、 幼儿嫉妒行为表述

嫉妒是一种负面情绪，在人际交往中，发现自己在才能、名誉、地位或境遇等方面不如别人而产生的不悦、自惭、怨恨、恼怒等负面性情绪体验。通常表现为对他人的长处、取得的成绩心怀不满;看到别人"冒尖、出头"不甘心,总希望别人与自己相差无几或者比自己落后,看到别人比自己落后感到莫大的安慰。

嫉妒,不同学科学者对其有不同的阐释,在社会学领域,嫉妒被看作是一种普遍存在的社会和文化现象。而在心理学领域认为它是存在于人类身上的一种常见情绪。现代心理学有六大嫉妒理论和一种研究方法之说,即:心理动力学嫉妒理论、社会生物学嫉妒理论、社会心理学嫉妒理论、行为主义嫉妒理论、认知-现象学嫉妒理论、系统学嫉妒理论,以及现象学嫉妒研究方法,六种理念彼此间存在启示性和互补性,也存在分歧甚至矛盾。

由于嫉妒研究自身的复杂性及研究者背景和研究取向的不同,心理学家对嫉妒分类的研究也就不尽相同。以弗洛伊德为代表的精神分析学派把嫉妒分为竞争性正常嫉妒、投射式嫉妒和妄想嫉妒三个层面。Hupka 依据关系威胁的情境分为轻度嫉妒、中度嫉妒和高度嫉妒三个类型的嫉妒。Parrott 依据引发嫉妒的情境类型和动机,将嫉妒分为猜疑性嫉妒和事实性嫉妒。

无论国内还是国外,"嫉妒"和"妒忌"这两个概念都常常被人混用。总的来说,嫉妒涉及了三方,即嫉妒者、目标和被嫉妒者,而妒忌往往发生在两者之间。嫉妒这个术语涉及三方关系中的第三方,哪怕是这个第三方只是存在于嫉妒者的想象之中。而妒忌是一个人缺乏另一个人所拥有的高人一等的能力、成就或者某件物品时的心理体验。妒忌者除了羡慕之外,也希望别人也和自己一样缺乏或者拥有那些东西。妒忌很容易在没有嫉妒的情境下出现,而嫉妒的心理过程却常常伴随着妒忌。

与成人相比,幼儿还不能有效地控制自己的情感,他们的嫉妒具有明显的外露性、攻击性和破坏性。相关研究显示,婴儿 3 个月时就表现出明显的嫉妒心理,16 个月开始出现嫉妒表情,18 个月开始出现明显而具体的外在表现。幼儿嫉妒除了与母亲有关外,也与同伴所拥有的物质有关,随着年龄的增长,儿童的嫉妒开始与同伴间的比较有关,教师及身边的成人对其及同伴的行为评价也会成为引起幼儿嫉妒的主要因素。

依据引起儿童嫉妒的因素,幼儿的嫉妒行为基本上表现为三种形式:一是情感独占,不能接受爸爸妈妈喜欢或亲近别的孩子;二是排斥同伴,抢夺玩具;三是突出自我,敌视同伴,对获得父母或老师表扬的其他的幼儿怀有敌对情绪。

二、 幼儿嫉妒行为的影响

嫉妒是幼儿正常的消极情绪反应,是儿童将自己与其他幼儿进行比较而产生的一种消极情感体验,是一种包含了不安、烦恼、痛苦、怨恨并企图破坏他人优越感的复杂情感。可见,作为一种消极情感,如果长期听之任之、放任不管,嫉妒将成为幼儿人格的一部分,严重影响其社会性及一生的发展。

(一)嫉妒行为对幼儿时期的影响

对于幼儿而言,嫉妒是一种非常正常的情绪反应。但受到年龄限制,幼儿还不会站在别人的立场上来观察和分析问题,只能站在自己的立场上来看问题。所以,尽管嫉妒是幼儿一种可理解的情绪反应,如果嫉妒情绪较强,也会对幼儿的发展产生严重影响。

首先,嫉妒心强影响幼儿的身心健康发展。嫉妒是因为将自己与别人进行比较而产生的一种痛苦体验。这种破坏性的消极情绪对幼儿各方面的成长都将产生不利影响,会引起多种心理问题与疾病,尤其使幼儿产生诸如忧愁、怀疑、自卑等不良情绪,从而形成恶性循环,造成不同程度的身心损伤。

其次，嫉妒心强将会影响幼儿的社会性发展。嫉妒的本质是不健康的心理状态，嫉妒心使人心胸狭窄，容不得别人超过自己，会制造矛盾、孤立自己，它导致的后果往往是不良竞争、攻击和对立。这将对幼儿的社会性发展尤其是人际交往产生极大的负面影响，会极大地妨碍幼儿融入社会的步伐。

（二）嫉妒行为对青春期的影响

嫉妒心是青少年学习与生活中的蛀虫，是破坏同学之间友谊与团结的腐蚀剂，其危害性甚大。

首先，它不利于学习进步，对人对己都是不利的。本来在学校中刻苦学习、勇于冒尖、敢当先进，这都是孩子的一种优良心理品质。嫉贤妒能使得一些孩子不敢在学校集体中冒尖，嫉妒还阻碍学生成才，个别严重的还构成犯罪。

其次，嫉妒破坏人际关系，影响团结，削弱班级集体的凝聚力。一个人深切地嫉妒他人时，可能不择手段地散布流言，恶语伤人，挑拨离间，打击报复，互相倾轧，恶化关系。

第三，嫉妒增添了嫉妒者内心痛苦。嫉妒者由于不能正确对待别人的进步与成绩，错误地认为别人的进步就是对自己的贬低，于是心理上自然产生一种痛苦的体验。这种消极的情绪反应持续时间过长将对人的身心健康十分不利，能引起多种心理问题与疾病。

另外，过分的嫉妒也会使孩子的性格渐渐变得古怪起来，如抑郁多疑、神经过敏、执拗浅薄、自暴自弃、推卸责任等等。

（三）嫉妒行为对成年后的影响

1. 对事业的影响

嫉妒在成人社会也是普遍存在的一种心理现象。目前，在各方面都存在着较为激烈的竞争，薪酬待遇的不公平、领导的信任与赏识、个人成长与升职都会使一些人产生心理失落，产生嫉妒心理，若处理不当会导致事业的失败，导致心理不健康，会严重影响个人成长与发展。

2. 对人际关系的影响

嫉妒心强可能结交不到知心朋友。嫉妒心强的人往往事事好胜，常想方设法阻止别人的发展，总想压倒别人，这会使同学、同事、朋友想躲开他（她），不愿与他（她）交往，以致给自己造成一个不良的人际关系氛围，使其感到孤独、寂寞。此外，从社会学的角度来说，嫉妒不利于人力资源的优化组合，嫉妒者喜欢传播小道消息，煽动不信任的情绪，导致集体出现内耗，必然会破坏同事之间的团结，削弱集体的凝聚力和战斗力。

3. 对身心健康的影响

嫉妒心强的人容易患身心疾病。有研究表明，长时间的嫉妒能造成人体内分泌紊乱，消化腺活动下降，肠胃功能失调，经常腰酸背疼和胃疼腹胀，夜间失眠，情绪低沉，抵抗力下降。嫉妒心强的人脾气暴躁古怪、性格多疑，久而久之，也会导致高血压、冠心病、神经衰弱、抑郁症、胃及十二指肠溃疡等身心疾病。

三、 幼儿嫉妒行为成因分析

幼儿嫉妒行为形成的原因是多种多样的，既有他人评价、环境的影响、同伴的优秀这些外在因素，也有个体自己性格方面的缺陷，如虚荣心重、过于自我为中心、偏执性格等内在因素。具体分析，幼儿产生嫉妒心理主要原因有以下四点。

（一）家庭因素及父母错误的教养方式导致

现在的幼儿以自我为中心的问题比较严重，通常想要什么就有什么，想干什么就干什么，因而形成了要强、好胜的性格。幼儿凡事都从自己出发，发现身边的小朋友优于自己或觉得个人地位遭到威胁或受到不公正的待遇，就会产生嫉妒心理。

不少家长总喜欢将自己的孩子与别的孩子进行比较，在教育孩子时，常常说些刺激孩子的话："你看人家衣服比你干净，你看你身上脏的。""你看人家嘟嘟吃饭吃得多好。"当孩子的自尊心受到打击时，容易对他人产生嫉妒心理。

（二）个人能力较强，爱慕虚荣的结果

一般而言，在各个方面都比较"弱"的孩子，他们都比较"安分"，他们已经习惯于做"弱者"。反之，能力较强的孩子，时时、事事都想获得他人的表扬，到哪里都想成为众人的焦点，如果没有受到"重视"和"关注"，就容易产生嫉妒心理，把别人当成"敌人"进行攻击。

（三）外界不当的评论使孩子产生嫉妒心

幼儿的评价多依赖于成人。教师和家长都是幼儿极为重视的人，如果教师不能一视同仁或厚此薄彼，如果受到嫌弃，会导致幼儿产生强烈的不满和极度的自卑，两者都会导致幼儿产生嫉妒心理。在多子女家庭中，如果父母不能兼顾所有孩子的感受，不能公平对待所有孩子，孩子相互间也容易而产生嫉妒心理。

（四）周围生活环境的影响

如果在家里，成人之间互相猜疑，互相看不起，或者当着幼儿面议论、贬低别人，会在潜移默化中影响幼儿的个性心理，依样学样，当幼儿看到别人的优点时自然而然也会产生嫉妒。

四、教师和家长面对幼儿嫉妒行为的常见做法

（一）幼儿家长的错误做法

家长忽略。有些家长采用粗线条教养的方式，不仅关注不到幼儿优点，对于孩子的嫉妒行为不理解、更不重视，认为孩子还小，等长大了、懂事了就会好了。这将会对幼儿成人后的交往方式、与他人和睦相处造成障碍，导致心情不畅甚至精神受挫。

家长溺爱。有些家庭的教养方式属于溺爱、娇惯型，在家里幼儿是核心，"唯幼儿独尊"，几个大人养护一个"小太阳"，对于幼儿的能力表现大肆表扬。久而久之助长了幼儿争强好胜之心，目中无人、藐视一切，当与同伴相处中处于劣势时就会不甘心，并滋长嫉妒心理。

家长苛责。有部分家长属于严厉型，当孩子出现嫉妒行为时，严厉而粗暴的制止，骂孩子"窝囊、无能、没出息"，甚至在许多人面前直接戳穿幼儿的嫉妒心理，让孩子感到更加难堪，继而学会隐藏自己的真实想法，背后进行破坏性行为。

我国现阶段二孩家庭越来越多，家长不能公平、公正地对待大、小两个孩子，认为姐姐（哥哥）就该谦让弟弟（妹妹），忽略第一个孩子的情绪和心理感受，使其受到关系及自尊的威胁，也容易造成过激的嫉妒行为。

（二）幼儿园教师的不当做法

相对于家长,幼儿园教师对于幼儿的嫉妒心理和行为了解得更多一些,但重视程度却因人而异。但就幼儿园的现状来看,由于班容量大,一个教师面对几十个孩子,也会出现关注和抚慰不到位的情况。幼儿园往往注重集体教育、分组教育,个别化教育少。对于幼儿嫉妒心理和行为的观察、研究及引领也会出现乏力,在教学中也会出现偏差。一是观察不到位而忽视了幼儿的嫉妒行为;二是幼儿表现出嫉妒心理和行为时不能及时采取合理、有效的引导;三是对于纠正幼儿嫉妒行为,教师的专业性知识理论不足,难以设计出有针对性教育活动,或者组织的教育活动不够有效,无法正确引导幼儿正确的竞争、愉快的合作。

五、家园合作视角下对幼儿嫉妒行为的目标设定

首先,幼儿园教师和家长对幼儿的嫉妒行为要有正确的理解。嫉妒行为既是一种负面情绪,也是幼儿正常的心理反应。对于孩子出现的嫉妒情绪和表现,要认真对待,除了给予关注和抚慰,避免幼儿情绪过激产生不良后果外,还要科学地引导,帮助孩子克服这种心态,并采用幼儿能够接受的方式讲道理,努力为幼儿创设一种团结友爱、互相尊重、谦逊礼让的环境和氛围。

第二,根据幼儿心理和年龄特点进行有效心理疏导和适当的教育。嫉妒心理是与生俱来的,教师和家长都要采取适当的方法让幼儿理解世界上很多东西和利益,不可能每一样都能得到,不能攀比和嫉妒他人,注意养成好习惯、好行为,形成正确的价值观。

第三,家长和教师要根据幼儿的人格特点,开展家园一致性的教育和引导。例如,当发现幼儿情绪不稳定、较敏感、容易暴躁,对产生的原因正确分析,并采用正确的教养方式,幼儿园和家长采用相对一致的方式教育孩子,在游戏和集体活动中以及在与他人交往中学会理解、宽容、谦让。家长也可以邀请同龄幼儿到家中做客,在分享食物、玩具中获得与人分享的满足感,降低嫉妒水平,形成乐观豁达的性格。

六、家园合作中幼儿嫉妒行为的矫正

嫉妒是一种内在的情绪状态,而外在的显性表现则是由此而引发的各种不同的行为。嫉妒行为在不同年龄段,会有不同的表现形式和内容,但幼儿阶段通常都表现得比较直接。因此在幼儿阶段,幼儿园教师和家长都应关注幼儿嫉妒心理与行为,针对幼儿特点,及时做好疏导,帮助幼儿克服嫉妒心理。

（一）幼儿园教师需要将纠正幼儿嫉妒心理教育落实到教育行为中

首先,作为幼儿园教师要认同和理解幼儿的嫉妒情绪和行为,认识到幼儿期嫉妒行为的流露是幼儿内在情感需求缺失的表现。

其次,教师要善于从科学的角度解读幼儿所表现出来的嫉妒行为产生的原因,尊重幼儿的身心发展规律和个性特征,因势利导,有效地疏导和转化幼儿的嫉妒情绪和行为。

再次,教师要善于抓住日常幼儿嫉妒行为的表现契机,做到个别引导和集体教育相结合。在班级里通过移情体验,使幼儿获得适宜的情绪体验,逐渐学会接受他人、理解他人、真诚地称赞和学习同伴的优点。

最后,重视和加强对问题幼儿家庭教育环境的了解、改善和提升,家园合作努力达到对嫉妒行为的正确引导和矫正的目的。

（二）家园合作矫正和管理幼儿嫉妒行为的策略

1. 个别谈话，提醒家长对幼儿嫉妒行为要引起重视

教师发现嫉妒行为表现突出的幼儿，要采用个别家长约谈的方式，有理有据地分析幼儿园嫉妒行为的症结，与家长耐心分析嫉妒心理的危害以及对幼儿成长造成的不利影响，为家长提供专业合理的指导。

第一，引导家长充分关注孩子，高质量地陪伴。家庭、父母关爱是孩子"安全感"和"归属感"的来源。有嫉妒心的孩子往往希望独占父母、老师的宠爱，希望自己总能处于优越的地位，受到表扬或关注。因此孩子出现嫉妒行为往往是在"提醒"家长，是不是对孩子的关注度降低了、减少了，多花些时间陪伴孩子，消除孩子的失落感和不安全感，嫉妒的行为也会相应得到改善。

第二，引导家长有意识改善家庭教育环境。嫉妒行为明显的幼儿，与家庭教育环境有着密不可分的关系。教师不仅要帮助家长正确理解幼儿的嫉妒情绪和行为，还要引导家长有意识改善家庭教育环境。例如：找出家庭成员及长辈对幼儿教育方式的不妥之处，改正不当的言行，这对改善幼儿嫉妒行为有着积极的意义。

第三，家园共同帮助孩子认识自己的优势。嫉妒心强的孩子往往自尊心、虚荣心也强，容不得别人超过自己，自私且对他人缺乏关心，严重的甚至会转化成一种仇恨心理。这需要家园充分沟通，帮助孩子认识到自己的优势。通过帮助孩子认识到自己的优势，并发展自己独特的兴趣与才能，提高自身优势，提高自信心。

2. 开展家教沙龙，让教师、家长在交流中互相学习与借鉴

教师依据班级管理中观察到的幼儿嫉妒行为，设定相应的主题，组织家长开展沙龙式讨论，家长可以根据自家孩子的相关表现和采取的有效方法进行沟通，相互取长补短，教师针对家长所采取的教养方式进行甄别和分析，对错误的方式进行纠正，从而形成良好的家庭教育氛围。

3. 开办家长学校，以讲座的形式引导家长正确认识和对待幼儿嫉妒行为

幼儿园可以邀请学者、专家宣传科学的育儿方法，组织"如何纠正幼儿嫉妒行为"专题式讲座用于帮助家长了解幼儿嫉妒行为的年龄和心理特点、对幼儿成长的危害以及如何进行纠正。这样既能够引起家长的关注和重视，对幼儿嫉妒心理做及时疏导，也能引导家长设法将嫉妒的消极作用向积极方面转化，确保孩子精神健康保持愉悦舒畅的心态，促进孩子完善健全人格的形成和发展。

4. 通过网络平台，为纠正幼儿嫉妒行为"指点迷津"

在校园网络发展壮大的今天，还可以通微信平台开办网上沙龙，加强家长、教师、专家的交流，通过多样化交流与学习提升家庭教养水平，并为幼儿嫉妒行为答疑解惑。

5. 以"家长开放日"活动，引导家长如何利用绘本故事教学纠正幼儿嫉妒行为

利用幼儿园组织开展的"家长开放日"活动，教师组织与嫉妒相关的教育活动，展现教师在教学中的正确方法，提高家长的教养水平，并引领家长选择相关的绘本图书与幼儿日常共读，例如《我好嫉妒》《我不要妒忌》《我为什么讨厌吃奶》《詹姆士不要酸溜溜》《好朋友不嫉妒》等。

学练 结合

一、名词解释

嫉妒

二、简答

1. 幼儿产生嫉妒心理的原因有哪些?

2. 幼儿时期的嫉妒行为如果不能及时矫正,对幼儿青春期和成年后有哪些影响?

3. 在家园合作视角下对纠正幼儿嫉妒行为应进行怎样的目标设定?

三、材料分析

4岁半的女孩小乐,父母为她又生了个小弟弟,在弟弟一周岁生日的这天,家里的亲戚朋友都来祝贺,并为弟弟带来了许多的礼物,大家都很高兴地围着小弟弟逗着。小乐一会念儿歌,一会跳舞,却没人注意到她,她就大声地喊"没人听我唱歌"。小乐的爸爸就瞪了她一眼说"喊什么,多没礼貌",她就生气地嘟着嘴,10分钟后,大家发现小乐把客人送来的新玩具全都放到卫生间的浴盆里,还浇上了水。小乐的妈妈气得要打小乐。

你认为小乐父母的做法有什么不对? 如何来化解小乐的嫉妒心理?

技能 训练

项目一
设计一个针对纠正幼儿嫉妒行为的亲子活动方案。

项目二
设计一份问卷,调查幼儿园教师对幼儿嫉妒行为的认识及重视程度。

项目三
设计一次关于纠正幼儿嫉妒心理的家教沙龙,讨论制定针对幼儿嫉妒行为的矫正策略。

推荐 阅读

[1] 王晓钧. 嫉妒论[M]. 成都:四川人民出版社. 2002.

[2] [瑞士]维雷娜·卡斯特. 羡慕与嫉妒——深层心理分析[M]. 陈瑛译. 上海:生活·读书·新知三联书店,2004.

[3] 王晓钧. 嫉妒研究的现状、特点和趋势分析[J]. 心理科学 2000,23(3).

第四节 焦 虑

目标导航

1. 分析幼儿焦虑的种类和形成的原因。

2. 重视幼儿焦虑行为的影响。

3. 理解并掌握在家园合作中幼儿焦虑行为的矫正策略。

　　小班3岁的豆豆小朋友是一位男孩子,长得乖巧可爱。但从一入园初就表现出明显的不适应。豆豆每天早起后第一件事问的就是今天去不去幼儿园,如果去就开始不停地哭闹,勉强到了幼儿园也一直是紧张状态,不能与小朋友自由、放松地游戏,总是小心翼翼地一个人坐在一边。豆豆从不主动和小朋友、老师交流,午睡也经常睡不着,但会安静地躺在床上,每当晚上快要离园时都伸长脖子向门口张望,看到妈妈后才露出难得的笑容松了一口气,回到家后又常会无缘无故发脾气。

基本 理论

一、 幼儿焦虑行为表述

　　所有幼儿在成长过程中都体验过恐惧、焦虑等情绪,但如果幼儿出现过度的、削弱身体机能的焦虑就属于心理健康问题了。根据发病原因和临床特征幼儿焦虑可分为分离性焦虑、过度焦虑反应和社交性焦虑。

　　在幼儿身上常见的不同焦虑类型有不同的表现。

　　分离焦虑:与亲人分离时深感不安,担心亲人离开后会发生不幸,亲人不在时拒不就寝,拒绝上幼儿园或上学,勉强送去时哭闹并出现自主神经系统功能紊乱症状。

　　过度焦虑:对未来过分担心、忧虑和不切实际地烦恼,担心学习成绩差、怕黑、怕孤独,常为一些小事烦恼不安、焦虑。过度焦虑的幼儿往往缺乏自信,对事物反应敏感,有自主神经系统功能紊乱表现。

　　社交性焦虑:表现为与人接触或处在新环境时出现持久而过度的紧张不安、害怕,并试图回避,恐惧上幼儿园或上学,有明显的社交和适应困难。还会出现相应的躯体化症状,出现心率加快、疲劳、呼吸加快、恶心、胃部不适、眩晕、视力模糊、口干、肌肉紧张、心悸、脸红、呕吐、肢体麻木、出汗等生理症状;与此同时伴随着一定的心理感受,感到自己被惊吓或遭受到伤害的想法,自我批评或自我贬低的想法,觉得自己没能力或能力不足、头脑空白或健忘、觉得自己很蠢,有关伤害到自己的想象,觉得自己快要发疯了;在此基础上会出现一系列行为表现,如回避、哭泣或尖叫、咬指甲、声音发抖、结巴、眨眼等面部不受控制的抽动,吞咽、不能动、吮吸手指、回避目光接触、咬紧牙关、烦躁等。

二、 幼儿焦虑的影响

　　焦虑在很多情况下都会对幼儿的身心健康造成一定的影响,尤其是容易形成问题行为,下文中做具体分析。

(一)影响幼儿的身体健康

　　幼儿焦虑常会伴随一些躯体化症状,恶心、呕吐、口干、肌肉紧张、视力模糊、眩晕等,长此以往将会影响幼儿的身体健康。心理因素在一定程度上会影响幼儿的正常发育,心理压力大、长时间处于焦虑状态会使体内生长激素分泌水平降低,影响身高和身体正常发育。而长时间的焦虑状态情况下出现的躯体化症状,慢慢会转变成实质性病变,导致幼儿疾病发生。同时,焦虑也影响幼儿免疫系统发育,使幼儿容易感染疾病。长期焦虑会增加癌症发生率,致癌的因素十分复杂,而精神因素在癌症的发生发展上起着重要作用。现代医学发现,癌症多发生于受到一定挫折后,长期处于焦虑、精神压抑、沮丧、苦闷、恐惧、悲哀等情绪紧张的人较易发癌症。精神因素并不能直接致癌,但他却以一种慢性的持续的刺激来影响肌体的免疫力,增加癌症的发生率。

(二)影响幼儿的人际交往

幼儿焦虑常会出现一些错误的认知和问题行为,他们会认为自己能力不足或没有能力,有自我批评或自我贬低的想法,有觉得自己很蠢或不如别人的想法,这些都会影响幼儿对自我的评价。幼儿焦虑还经常出现回避、咬指甲、声音发抖、甚至结巴的行为,这都会使幼儿在交往中缺乏自信,有自卑感,不敢交往、不会交往也不愿与人交往。长此下去,幼儿就会避免与人主动交往,经常独自游戏,甚至避免外出,最终影响幼儿的正常人际关系,造成幼儿缺乏交往能力。

(三)影响幼儿个性发展

焦虑也会令幼儿产生一些生理症状和问题行为。长时间的焦虑会让幼儿变得自卑、胆小、畏缩,做事放不开手脚,前怕狼后怕虎,犹豫不决,缺乏主见,依赖性强,敏感、谨小慎微。

(四)影响幼儿智力发展

长期紧张、焦虑的情绪体验,会局限幼儿的思维发展,使思维狭窄、不流畅、不变通,相应的躯体化症状和问题行为直接降低幼儿智力活动的效果,使幼儿能力发展受到局限,想象力、创造性受到压抑。

三、 幼儿焦虑的成因分析

焦虑是一种常见的情绪障碍,其成因有如下三方面。

(一)遗传因素

有焦虑症父母所生子女患焦虑的比例较正常家庭高,家庭中有焦虑病史也会对后代产生一定影响。所以无论是焦虑障碍还是焦虑症都与家族遗传有关,因此有相关病史的家庭要对幼儿进行密切观察,及早预防、及早发现、及早治疗。

(二)环境因素

行为主义认为,恐惧和焦虑都是通过条件反射而习得的。如果在幼儿幼年生活经历中偶然对某个物体或情境感到恐惧焦虑时,对物体或情境的回避可以缓解或避免焦虑,这就形成了一个自动的奖励。如此,通过负强化对焦虑性刺激的回避就成了习得性反应,这种回避维持着幼儿的焦虑,即使没有焦虑性刺激也是如此。

1. 父母的不恰当教养方式

父母的不恰当教养方式是产生焦虑障碍的主要原因。如父母对幼儿过分宠爱、包办代替,对幼儿过分干涉干扰或限制子女独立,未给幼儿自我锻炼的机会,长此以往幼儿就会形成对父母的依赖心理,难以离开家人适应新环境。

2. 幼儿园的教育环境

幼儿园是除了家庭之外幼儿最主要的生活和活动场所,幼儿很多的焦虑情绪就是在幼儿园形成的,幼儿园不良的教育方式是幼儿焦虑障碍产生的又一重要因素。

第一,教师的错误教育方式导致幼儿焦虑。幼儿园的教育环境紧张、压抑,教师的严厉、呵斥、惩罚幼儿都容易导致幼儿情绪焦虑。有的教师是完美主义者,对幼儿常抱有批评否定态度,认为幼儿什么都不会做;有的教师为了幼儿安全、为了完成教学计划,往往会严格限制幼儿活动;有的教师规定幼儿该做什么不该做什么,甚至包办代替。这些教师常认为自己的不良情绪是因为幼儿导致的,对幼儿没有耐心,经常会在班级批评、指责幼儿,如果幼儿出现不良行为,他们会对幼儿大声训斥、罚站,不允许幼儿参加集体游戏等,对孩子表现出冷淡、厌烦的情绪。或者有些教师情绪极其不稳定,高兴了就对孩子很好,稍有不如意情绪立刻爆发,不能克制。在批评、否定环境中长大的孩子,习惯于把一切的错误归因于自己,从而产生自责内疚的情绪,教师过多的限制又让他们恐慌,教师的指责让他们自信心降低,产生羞耻感和恐惧,久而久之,焦虑情绪就产生了。

第二,教师焦虑的影响。幼儿园教师的焦虑正受到人们的关注,据调查有 27.8% 的幼儿园教师焦虑水平偏高,其中 15% 的幼儿园教师属于严重焦虑。幼儿园教师的焦虑水平对幼儿焦虑产生有着直接影响,教师焦虑水平过高会对幼儿表现出不耐烦、厌恶、批评、惩罚、缺乏宽容等等,这容易造成幼儿情绪低落和急躁,情绪具有感染性,教师的焦虑会感染给幼儿,使幼儿也出现高焦虑水平。

(三)幼儿自身因素

幼儿自身的气质、性格特点都会对焦虑的产生造成一定的影响。婴儿期和幼儿期是害羞-抑制气质,或者我们常说的抑郁质气质类型,内向的性格特点(如胆小、敏感、退缩)的幼儿出现焦虑情绪问题的风险较高。但他们不是完全成正比的,这类气质和性格的幼儿日后是否发展为焦虑,还取决于其成长环境,如父母过度保护的教养方式等。

四、 教师和家长面对幼儿焦虑的常见做法

幼儿焦虑一般伴随一定的行为表现,如出现面部抽搐、啃指甲、尖叫哭闹、甚至"无理取闹"发脾气。很多家长认为这是"不听话"的表现,因此有不少家长和幼儿园教师的做法欠妥或是错误的。

(一)幼儿家长的错误做法

有些幼儿家长不能意识到幼儿的一些行为是焦虑的表现,如面部抽动、啃指甲、哭闹、结巴或说话发抖、拒绝参与集体活动等,单纯地认为是孩子形成了一些不良的行为习惯或胆小的原因。因此,家长会比较粗暴地制止孩子的行为,孩子一啃手指就打手,出现面部抽动就不停地语言提醒,"不要挤眼、不要皱鼻子",甚至会对孩子的行为表现进行一定的惩罚。长此以往这种种"提醒"与"惩罚"反而强化了幼儿该行为,使焦虑的行为表现更加明显,焦虑也更加严重。

有些幼儿家长则相反,对幼儿出现焦虑视为洪水猛兽,不停地提醒孩子,同时家长对此也表现出无比焦虑,甚至开始服用精神类控制药物,小题大做。

以上家长的表现都是因缺乏相关知识经验引起的,需要幼儿园教师以专业知识加以指导。

(二)幼儿园教师的不当做法

幼儿园教师作为比较权威的幼儿教育者也经常会针对幼儿的焦虑出现错误的做法。如认为幼儿焦

虑导致出现的行为问题是幼儿的不良行为习惯,与家长共同用语言提醒、威胁、恐吓、惩罚等方式来制止行为的出现,反而增加了幼儿焦虑的严重程度。由于焦虑幼儿可能非常安静、害羞、顺从,他们希望讨好其他人,或对自己的情况守口如瓶,所以他们的痛苦常常被忽视,导致幼儿园教师单纯认为是孩子能力欠缺、胆小所致,所以对幼儿忽视、不理不睬。这些行为都会在无形中加重幼儿的焦虑。

五、 家园合作视角下对幼儿焦虑的目标设定

(1)家长和幼儿园教师要了解伴随焦虑会出现的一系列的生理症状和行为表现,通过观察、与幼儿交流了解幼儿的内心感受。

(2)对有焦虑的幼儿,在家园合作视角下改善家庭教养方式,营造良好的幼儿园教育环境,采取科学的矫治方法,引导幼儿积极地自我调节,帮助幼儿克服不良行为表现和错误的认知观念。

(3)家长与幼儿园教师应善于学习,接纳幼儿,了解幼儿的情绪状态,引导幼儿正确地表达情绪、控制情绪、调节情绪,促进幼儿情绪情感的良好发展。

六、 家园合作中幼儿焦虑的矫正

焦虑是一种常见的幼儿情绪,家长和幼儿园教师应对其有一定的认知和了解,在日常生活中掌握相应的矫治方法和管理策略。

(一)家庭、幼儿园矫治方法

(1)幼儿的心理发展与家庭教育环境密不可分,因此在家庭教育中要遵循以下三个原则:

第一,建立良好的家庭关系、夫妻关系以及和谐的家庭环境,给幼儿充分的安全感,建立家庭成员普遍认可的幸福感;

第二,家庭中成人良好的情绪示范,家长要学会情绪表达和情绪管理,保持自身的良好情绪状态,提高自身的能量;

第三,给孩子提供与同龄人交往的机会,让孩子参与社会生活,学习社会普遍赞同的生活与交往方式。

根据以上原则,幼儿焦虑首先要考虑改善家庭教养方式,建立正常的亲子依恋,对幼儿不溺爱不体罚,为幼儿提供更多的户外活动和游戏,尽可能保证家庭的和睦稳定。

(2)幼儿焦虑经常发生在家庭关系不正常和父母患焦虑障碍的家庭,所以使用任何治疗方法,这两个因素都可能影响治疗效果。建议幼儿焦虑的矫治强调家人的参与,并延伸到整个家庭的矫治。

(3)幼儿园为幼儿建立温馨和谐、宽松的教育环境,教师对幼儿给予更多的关爱、情感支持,对幼儿的焦虑、苦恼表示理解和同情,消除他们内心的紧张和不安。例如,对于入园有强烈的分离焦虑的幼儿,可允许家长先陪伴一会儿,对难以入睡的患儿教师可多些陪伴和关爱。在日常集体活动中,教师较多关注他们的表现,并给予及时的鼓励和支持。

(二)心理治疗方法

1. 行为疗法

行为疗法对于焦虑障碍的主要治疗技术为暴露法,即让幼儿面对令他们焦虑的情境或物体,并帮助幼儿寻找逃避以外的其他应对方法。需要注意的是,这是一个循序渐进的过程,要进行分级暴露,防止

对幼儿伤害过大,治疗师和幼儿一起把自己焦虑的物体和情境分成若干级别,然后从焦虑的最低情境开始,逐渐进入焦虑等级较高的情境,让幼儿置身于焦虑情境中。

行为疗法的另一个技术是系统脱敏法。包括三个步骤:放松练习,让幼儿学会放松自己;建立焦虑的等级;幼儿保持放松的情况下,逐步呈现引起焦虑的情境或物体,让幼儿逐渐接纳。多次体验后,使幼儿再面对这些曾引起焦虑的情境或物体时,仍感觉放松。

2. 绘画分析治疗

幼儿由于语言、思维发展水平的局限性,心理绘画疗法比较适用于幼儿阶段,通过绘画幼儿来展示自己内心无以言表的焦虑、恐惧,在绘画中幼儿得以宣泄自己的不良情绪,使情绪得以调节。

在治疗初期,我们可以让幼儿画自己的心情,还可以让幼儿画让自己焦虑的物体或情境,心理绘画疗法用适合孩子的方式,让孩子安全地表达自己的焦虑情绪状态,然后通过宣泄、引导让幼儿画出更积极、有希望的画,把意识潜意识化,让幼儿在绘画中调节情绪。

3. 积极情绪的培养

第一,注意转移。采用幼儿喜爱的游戏或活动吸引注意力,使幼儿投入到活动中去,积极的情绪可以对抗消极情绪的产生,降低幼儿对某些情境和物体的焦虑。需要注意的是教师在活动安排中考虑到幼儿的能力和困难,让幼儿有足够的准备去应对变换的环境,有足够的能力去应对面临的活动,增加幼儿的自信心。

第二,角色扮演法。让幼儿扮演某些角色,如警察、英雄人物等,练习某种行为方式,再将这些行为应用到日常生活中去。

第三,正强化。教师对幼儿的点滴成功要多给予鼓励,强化其积极行为的出现,从而增加积极行为出现的频率。强化物可以是物质上的红花、小贴画,也可以是微笑、拥抱、表扬。在整个过程中逐渐减少强化频率,然后过渡到不需要强化也能克服焦虑。

4. 药物治疗

药物治疗可减少幼儿躯体化症状,但这不适合所有患儿,药物治疗要慎用,因为会对幼儿的神经系统造成一定的影响。

学练 结合

一、名词解释

焦虑　分离焦虑

二、简答

1. 幼儿焦虑形成的原因有哪些?
2. 幼儿焦虑的影响有哪些?

三、材料分析

一位中班幼儿每天上幼儿园都会哭,在幼儿园中无法入睡,不能和小朋友正常主动交往,孤僻、胆小,甚至出现啃手指、面部抽动等症状,每次面部抽动妈妈都会说,"你再挤眼睛我就打你的脸了"。每当孩子与小朋友交往时出现问题,老师也会说,"你自己想办法解决,我给你5分钟时间,如果你解决不了,我也不会帮你"。孩子着急地看着钟表,不知所措,只能使劲地啃手指,老师又强调,"不许啃手指,你看别的小朋友都不啃,就你啃"。

请你分析家长和教师的做法有什么问题?家长和教师应如何采取科学的方法解决问题?

技能 训练

项目一
结合实习期间的入园观察,根据幼儿日常行为表现初步判断幼儿是否具有较强烈的焦虑情绪。

项目二
设计一份访谈纲要,调查幼儿园教师和家长对焦虑的认识程度。

项目三
请为一名有严重入园分离焦虑小班幼儿制定一份矫治策略计划书。

推荐 阅读

[1] 艾里克·J·马施,大卫·A·沃尔夫.幼儿异常心理学[M].广州:暨南大学出版社,2004.
[2] 姬天舒,李艳丽.心理绘画疗法[M].石家庄:河北人民出版社,2016.

第五节 违 拗

目标导航

1. 分析幼儿违拗形成的原因。
2. 了解幼儿违拗对其心理发展的影响。
3. 理解并掌握在家园合作中幼儿违拗行为的矫正策略。
4. 运用所学知识分析并解决幼儿违拗行为出现的相关问题。

情景 导入

小班3岁半的佳佳小朋友是一位女孩子,长得很可爱,大大的眼睛一眨一眨的很讨人喜欢。但是,在接触之后发现,佳佳做事总爱和别人"唱反调",别人说好她就说不好,尤其爱和大人唱反调,怎么沟通也不"妥协",感觉每天都是在为了反抗而反抗,这让家长很着急。

基本 理论

一、 幼儿违拗行为表述

2～3岁是人生第一反抗期,随着动作和认知的发展,幼儿逐渐出现了自我意识,意识到"我"的力量了,而幼儿的欲望往往会受到父母的禁止,这时没有比说"不"更能体现自我的存在了。所以,这一时期幼儿都会出现"第一反抗期",他们常常用反抗和拒绝来对待与他人的冲突,不仅拒绝成人的命令也拒绝成人的帮助,这是幼儿成长发展的正常阶段。随着年龄的增长幼儿会逐渐通过沟通、交流对待与成人间的冲突,矛盾和反抗不再那么明显。

个别幼儿会表现出更为严重的违拗行为,他们采用强烈的反抗行为来处理与他人的冲突,这种反抗、违拗更多指向长辈或上级,是一种"有意"的不顺从。严重违拗行为表现出态度坚决、强硬,行为坚持不妥协,还伴随着强烈的情绪表达,哭、闹、争执或坚决沉默对抗,表现得了反抗而反抗,为了拒绝而拒绝,给老师和家长带来很大的困扰。

二、 幼儿违拗行为的影响

婴幼儿在2～3岁时期会出现"第一反抗期",这时幼儿表现为比较强烈地反抗成人,执着于自己认可的决定。这一时期,一般要求家长和老师只要不是原则性问题都可以顺其自然,不要去强烈对抗。随着幼儿的发展这一表现会逐渐淡化,而且有助于幼儿成人后自主意识的培养。但个别幼儿在其基础上出现严重的违拗行为就不再是单纯的"第一反抗期"的表现了,幼儿为了反抗而反抗,对待外来干扰条件采取拒绝、对抗态度,同时伴随不良的情绪态度,长此以往,会影响儿童的心理发展。

(一) 对幼儿情绪发展的影响

违拗行为常伴随不良情绪表现,哭、闹、激烈言语和行为,或者沉默坚决反抗,这些不良情绪的表达会使幼儿不会控制、调节自己的情绪,缺乏情绪管理的能力。遭遇挫折和问题立刻用哭来表达不满和达到自己的目的,将会让幼儿经常体验消极的情绪,如沮丧感和挫败感。

(二) 对幼儿人际关系的影响

幼儿期违拗常会影响其亲子关系、同伴关系、师幼关系。违拗行为常使幼儿为了反抗而反抗,不能与同伴和成人有效沟通与协商,做事武断、盲目执着,不懂适当"妥协",与人交往中表现过分自我,即"我说什么就是什么",不照顾他人感受,以自我为中心,长此以往,会影响儿童的人际关系。

(三) 对幼儿能力发展的影响

违拗行为影响幼儿各种能力的提高。幼儿因为违拗不能认真思考如何解决自己遇到的问题,不能采用更好的方法处理问题,因为他所有的注意力都用来反抗他人了,甚至他人提议是非常有效和正确的也被幼儿所忽略,往往为了反抗而采用错误的方法解决问题,长此下去,幼儿的行为会变得刻板、怪异,病态地执着,能力发展受到限制。

三、 幼儿违拗行为成因分析

反抗本是幼儿"第一反抗期"的正常表现,但如果发展为过分的违拗行为,就成为一种情绪障碍,我们分析主要有三方面原因。

(一)自我意识的发展

引发违拗和对抗心理主要发生在三个时期:2.5岁至4岁,8岁左右和青春期,这主要与幼儿的自我意识发展特点密切相关。儿童自我意识的发展主要体现在三个阶段:即生理自我时期,从8个月到3岁左右;社会自我时期,从3岁到青春期,是社会自我形成的关键时期;心理自我时期,从青春期到成人。自我意识具有独特性,而其独特性的发展就是对独立性的不断确立。独立性是幼儿违拗的主要心理动因,他逐渐形成自己的一种控制行为模式,这种控制最初主要针对财产和动作,他们通过控制、反抗证明这些东西是属于"我"的。然后逐渐开始学会控制环境,这种控制一旦与成人的限制发生冲突,幼儿就会发生强烈对抗行为,甚至表现违拗,同时幼儿早期自尊心特别高,初小后逐渐下降,在高自尊下,幼儿很希望得到成人的认可和高评价,一旦不能如愿,幼儿会表现出很强烈的自我体验——挫败感。因为幼儿的自我调控能力差,所以往往会采用主动出击的方式对抗,进行自我防御,表现为指责别人、维护自己。

(二)家庭教养方式的影响

不同的家庭教养方式会影响幼儿的性格、情绪、行为等心理发展,父母是孩子的第一任教师,家庭是人生教育的起点,是人成长过程中的重要因素。民主型的家庭教养方式会帮助幼儿在"第一反抗期"较好地度过。而在专制型和溺爱型家庭中,父母对孩子要么过分严格,要么凡事顺着孩子,对待孩子没有原则,这样两种家庭教养方式也容易使幼儿形成违拗行为。

(三)幼儿自身因素

一般胆汁质、抑郁质气质类型的幼儿,容易形成违拗行为。胆汁质幼儿具有强烈的兴奋过程,情绪容易激动,反应迅速,行动敏捷,暴躁而有力,在语言和表情上都有强烈而迅速的情感表现,在克服困难上有不可遏止和坚韧不拔的劲头,但不善于考虑,性急,容易失去耐心,当自己的想法和行为受到阻碍时更容易反抗,很冲动。抑郁质气质类型幼儿有较强的感受力,易动感情,情绪体验深刻而持久,对外部环境变化敏感,内心体验深刻,外在行为常表现出胆小、忸怩、怯懦、怀疑、孤僻,一旦形成某些看法和认知上便容易"认死理",不变通。这两种气质类型的幼儿形成违拗行为概率更高,只不过反抗方式不同,胆汁质幼儿表现为强烈的情绪和行为反抗,抑郁质表现为沉默对抗。

四、 教师和家长面对幼儿违拗行为的常见做法

当幼儿出现违拗行为时,有不少家长和幼儿园教师的做法欠妥或是错误的。

(一)幼儿家长的错误做法

有些幼儿家长不能接受幼儿的违拗行为,对于幼儿的违拗感到气愤,并激发出家长自身的不良脾气,家长不会去思考幼儿反抗事情本身是否有道理,反抗的事情是否涉及原则,一概给予对抗。家长用

自己超过幼儿能力的强势行为强行控制幼儿,让幼儿按照自己的意愿行事,往往家长与幼儿间产生激烈的冲突,甚至出现打骂现象。

有些幼儿家长则相反,幼儿出现违拗行为后家长因为无力解决而采取一味的顺从,听之任之,只要幼儿不哭闹,一切愿望都会实现。久而久之,幼儿就养成了更为严重的违拗行为,凡事我行我素。

(二)幼儿园教师的不当做法

虽然幼儿园教师经过专业学习,但有的教师也不能正确认识幼儿的违拗行为。有的教师对幼儿的违拗行为产生气愤情绪,因此对幼儿采用强制手段,用成人特有的手段和能力,强行要求幼儿按成人意愿行事,否则给予一定的惩罚,如告家长、罚站或失去既得利益等,让幼儿在挫败中不得不妥协,因此产生严重的挫败感。

有的教师疲于应付幼儿园的日常事务,对于有违拗行为的幼儿没有精力和有效方法应对,往往采取听之任之的态度,会和其他幼儿集体采取妥协态度,或者对待该幼儿采用漠视态度,久而久之也助长了幼儿不良问题行为的出现。

五、 家园合作视角下对幼儿违拗行为的目标设定

(1)幼儿园教师和家长要能够正确区别什么是"第一反抗期",什么是违拗行为,了解违拗行为的日常表现以及影响因素。

(2)对有违拗行为的幼儿,引导幼儿会用正确的方式积极地表达协商,针对违拗行为能制定有效的解决策略,并具备在日常生活中实施策略的能力。

(3)家长和幼儿园教师能够积极接纳幼儿的不良行为,沉着冷静应对,并能用良好的榜样影响幼儿。

六、 家园合作中幼儿违拗行为的矫正

幼儿的情绪管理是一个很重要的教育内容,家长和教师要引导幼儿成为自身情绪的主人。

幼儿园教师作为专业的幼儿教育者,应会用科学的理念、方法解决幼儿常发生的各种情绪、行为问题,为家长提供专业技术支持,与家长共同分析问题、解决问题。

(一)在集体教育活动中矫正和管理幼儿的违拗行为

幼儿园有集体教育活动时间,教师可以有计划、有目的、有组织地针对幼儿的问题进行教育。在集体教育中,教师不针对个人,应理性地有理有据地分析,通过活动的方式了解幼儿违拗的表现、影响及克制策略,这样更能让幼儿接受。同时,幼儿间也可以互相沟通、了解、影响。

(二)语言沟通

违拗与对抗往往出现在彼此意见、选择不一致时,双方各持己见,成人应与幼儿进行有效沟通,"摆事实,讲道理",让幼儿建立正确的对事物的看法,能够理性思考问题,用科学有效的方法解决问题,那么即使选择不同彼此也是能够接纳的。在沟通中,成人要注意自己的态度、语气、语调、表情等,要倾听孩子的想法,让孩子从内心真正接纳和认可成人的意见。否则就变成家长的"一言堂",孩子认为家长唠叨,从而逆反心理更重。

(三) 情感认同,理性接纳

成人面对幼儿的违拗行为,首先自己要平稳情绪,切忌急躁。家长情绪平静幼儿才能平静的与家长沟通,成人要站在幼儿的立场上考虑问题,不是"我认为、我感觉"从情感上得到幼儿的认可,成人切忌诉苦、埋怨,为自己歌功颂德,引起幼儿的反感。对幼儿"晓之以理",让幼儿从认知中真正认可某种观念并且接纳,逐渐成为自己思想的一部分,这才能真正的稳固下来。

(四) 惩罚强化法

幼儿的违拗行为是需要一定的惩罚帮助其削弱,再通过强化建立良好行为习惯。很多家长都纠结于到底"打"还是"不打",这并没有统一定论,因人而异。有的孩子确实需要"打一打",但这种惩罚要有一个度;有的孩子瞪眼就是一种惩罚了;有的孩子狠打屁股也不算严。惩罚还可以用语言、目光、手势或被疏远感的心理惩罚,对不同的孩子有效性也不同。强化可以用"代币法"和"精神奖励法",通过奖励良好行为,使之逐渐固定下来成为习惯。

学练 结合

一、 名词解释

违拗行为

二、 简答

1. 幼儿违拗行为的表现和形成原因有哪些?
2. 幼儿违拗行为的影响有哪些?

三、 材料分析

一位 5 岁幼儿每天总是与小朋友和家长、老师处于"敌对"状态,凡事都以自我为中心、自己做决定,不考虑别人的感受和建议,甚至为了反抗而反抗。这名幼儿从不认真思考自己的行为是否恰当,也不考虑别人的建议是否有道理。为此常和小朋友、家长发生冲突,每当有冲突他都会打人。老师和家长都很头疼。

如果你是幼儿园老师,你会如何解决这一幼儿的问题?

技能 训练

项目一
设计家园合作观察表,请家长配合,观察并记录有违拗行为的幼儿在幼儿园和家庭的具体表现。

项目二
设计一份矫治幼儿违拗行为的集体社会教育活动方案。

推荐 阅读

[1] 赵国雨.幼儿前期的"违拗"行为[J].教育艺术,2010,(7):78.

[2] 李欣.试论幼儿违拗与对抗问题的应对策略[J].科教纵横,2009,(5):215—216.

第六节　自　虐

目标导航

1. 分析幼儿自虐形成的原因。
2. 了解儿童自虐行为对其心理发展的影响。
3. 理解并掌握在家园合作中幼儿自虐行为的矫正策略。
4. 运用所学知识分析并解决幼儿自虐行为出现的相关问题。

情景 导入

　　天天是一位虎头虎脑的大班小男孩,因为调皮总是让家长批评,每次一批评他就会扔东西发泄自己的不满。如果说"你不要这样做",天天就会使劲打自己的手说:"你真讨厌!"或是在自己的手背上狠狠咬一口,或是使劲掐自己的大腿来发泄自己的情绪。孩子这种发泄情绪的行为让家长很着急和心疼。孩子在成长的路上,不受一点批评是不可能的,那又如何帮助天天排解并纠正这种情绪和行为呢?

基本 理论

一、 幼儿自虐行为表述

　　幼儿自虐行为是一种故意的、对自我产生伤害的、重复的消极行为。简言之,就是幼儿自己伤害自己。当幼儿有太多的负性情绪,包括对外界的愤怒、焦虑或是挫败感时,就有可能用自虐的方式应对压力。自虐通常有身体自虐和精神自虐两种形式,幼儿常见的自虐动作为身体自虐,其通常表现为:情绪不稳定,对人冷漠,一旦发现自己做得不够好或是遭受批评,就会惩罚自己,轻则默立自我罚站、摇头、撞头、打头、打滚,重则掐自己、抓头发、扯耳朵、打嘴巴,有时候会突然脱离集体活动独自一人跑到室外或墙角独自站立。幼儿伤害自己已经是一种行为偏差,而这种行为表明幼儿内部的情绪过满,超出了可以承受的范围,又不知道如何表达自己的痛苦情绪,因表达、处理负性情绪的能力还未成熟,故而用这种过激的行为来宣泄自我压力。幼儿的这些行为如果任其发展,加之家长采取不当的手段应对,将会严重影响幼儿的身心健康。

二、 幼儿自虐行为的影响

对于 3 岁以下的婴幼儿,由于还不能用语言完整表达其愤怒,当其有愤怒情绪时,只能以自虐行为发泄不满情绪或引起大人注意。最常见的是生气时欲哭无声,要憋气很久换气了才听到哭声。大多数幼儿的自虐行为等到 4 岁以后才会逐渐消失,但若 4 岁以上仍持续发生或自虐严重到造成身体受伤,甚至出现语言、心智发展延迟的倾向,以及如果发作太过频繁而且是最近才有的动作,或会无缘无故自虐而停不下来,就必须警觉可能有头部的疾病,也可能是个性上或情绪上有问题,以及有些智障或自闭症的孩子,也会有同样的行为。

(一)自虐行为对幼儿情绪发展的影响

有自虐行为的幼儿往往表现不稳定,自卑、敏感。有时会兴高采烈,手舞足蹈;有时会情绪低落,独坐无语,态度冷漠,拒绝他人关心。

(二)自虐对幼儿人际关系的影响

幼儿自虐常会影响其亲子关系、同伴关系、师幼关系。因不善于与他人交往,故别的小朋友也不愿意和他交往,朋友很少,通常参加集体活动也不太主动。

(三)自虐对幼儿能力发展的影响

有自虐行为的幼儿智力一般正常,但动手能力差,对各种活动不太感兴趣,生活难以自理,常常在家长和老师的帮助下穿衣、吃饭、叠被子等。

三、 幼儿自虐行为成因分析

幼儿自虐行为偶尔为之,只能说明是幼儿负性情绪的一种表达,每个孩子都曾有过这样的表现。但如果发展为过度的自虐行为,就成为一种行为偏差,究其原因,主要有以下六点原因。

(一)幼儿需要未获得满足

幼儿需要主要表现在两个方面。

一是心理需要得不到满足。幼儿有爱的需要,有被尊重的需要,也有交流与沟通的需要。家长有时会因工作忙顾不上关心孩子,或者因孩子出格的行为生气进而冷落孩子,甚至因自己的情绪不好而训斥孩子,这时孩子误以为失去了父母的爱,于是用自虐行为来引起家长的关注,赢得父母的爱。

二是物质需要得不到满足。幼儿在家中会提出一些物质需求,有些是合理的,有些是无理的,无理的要求显然会遭到家长的拒绝,幼儿无力说服家长,便采用自虐行为来威胁家长,想迫使家长妥协。在自身调节机制的作用下,孩子用这种极端的形式获取需求的满足。来自这些内部或是外部的需求使孩子不能获得满足就会产生负性情绪,这种负性情绪常伴随暴躁、焦虑等不愉快的情绪,造成身心与外界环境的长期失衡导致自虐行为。

(二)长期不被理解、不被信任和不被尊重的影响

幼儿的自虐行为也是长期不被理解、不被信任和不被尊重、受抑心理得不到宣泄的行为表达。幼儿

随着年龄的增长,自主意识逐渐增强,凡事有自己的主见,他们常会萌发一些奇特的想法和做法。但很多时候孩子却得不到理解和支持,有时甚至会遭强行禁止,幼儿感觉外界给了压力和委屈,不敢向外发泄和攻击,就选择一种向内的攻击方式,自虐就是通过伤害自己来表达不满的一种向内攻击方式。

(三) 幼儿自身气质的影响

一般胆汁质气质类型的幼儿,容易形成自虐行为。胆汁质幼儿情绪上暴躁易怒,精力充沛,反应迅速,行动敏捷,勇敢果断,但不善于考虑,性急,容易失去耐心,太过固执。该气质类型幼儿当自己的想法和行为受到阻碍时更容易反抗,更容易冲动。当他的需求和目标得不到支持和满足、遇到来自外界的人或事物的阻挠时,那股强大的生命力极容易被迫流向破坏性的方向,如果不是向外破坏就是向内攻击。

(四) 引起他人的关注或是注意

幼儿会借助偏激的行为来引起家长或是老师的关注,幼儿用这种偏激的行为以达到被他人注意的目的。幼儿有时候是有意识地引起他人关注,有时候是无意识的,长此以往,自虐行为就会形成条件反射。当幼儿成功地引起他人关注后,自虐行为会减少,如果他人不关注了,就会变本加厉,大喊大叫,甚至他人的关注反而会更大地激发幼儿这种自虐的行为。

(五) 幼儿不会有效地表达自己的情绪

幼儿不会有效地表达自己的情绪,尤其是对负性情绪的表达。学前期的幼儿很多的行为受情绪的影响,幼儿学会正确表达情绪需要一个长期的学习过程。在受到压抑、委屈的时候,由于幼儿不会表达焦躁的负性情绪,就会用哭闹打滚、揪头发、拍打撕咬等不良的方式伤害自己,在当时当地环境的刺激下,情绪一旦受到压抑就会用这种偏激的方式对待自己,以达到宣泄情绪的目的。

(六) 不融洽的亲子关系

0~6岁前的幼儿情绪问题一定源于与他的父母的关系,不和谐的亲子关系,如被父母责骂、殴打或是被父母忽视等最容易产生情绪问题。

四、 教师和家长面对幼儿自虐行为的常见做法

当幼儿出现自虐行为时,有不少家长和幼儿园教师的做法欠妥甚至是错误的。

(一) 幼儿家长的错误做法

对于幼儿的自虐行为,"无言"和"斥责"是许多父母对此事持有的态度。这其中有父母自责的成分,但表现出来的行为却是漠视或愤怒。这些父母难以摸透孩子采取自虐行为时的真实想法,甚至对于幼儿的自虐行为感到气愤,并激发出家长自身的焦躁愤怒情绪,用自己的严厉指责甚至是打骂行为强行控制幼儿。

有些幼儿家长则相反,幼儿出现自虐行为后,家长因为无力解决而采取无言顺从,逃避不管,或是认为只是小孩子的把戏而摆出一副若无其事的样子,以为"这不是什么大不了的事情,只是孩子无理取闹罢了"。久而久之,幼儿就发展成更为严重的自虐行为。

（二）幼儿园教师的不当做法

虽然幼儿园教师经过了专业的学习与培训，但并不是所有教师都能正确认识幼儿的自虐行为。有的老师对幼儿的自虐行为产生愤怒情绪，因此对幼儿采用强制手段，用成人特有的手段和方法，强行要求幼儿按成人意愿行事，否则给予一定的惩罚，例如告家长、罚站或失去既得利益等，让幼儿在挫败中不得不妥协，因此产生深深的挫败感。

有的教师疲于应付幼儿园的日常事务，对于有自虐行为的幼儿还可以进行关心帮助，但自虐行为的幼儿常让老师感到疲惫挫败，甚至让老师不想理会。教师没有更多的精力和有效的应对方法，往往采取漠视的态度，这样不利于幼儿行为偏差的矫治。

五、 家园合作视角下对幼儿自虐行为的目标设定

（1）幼儿园教师和幼儿家长要能够正确理解什么是幼儿的自虐行为，了解自虐行为的日常表现以及影响因素。

（2）对有自虐行为的幼儿，教师应能读懂幼儿自虐行为背后的心理密码，针对幼儿的自虐行为表现能制定有效的解决方案，并具备在日常生活中实施方案的能力。

（3）家长和幼儿园教师能够无条件地接纳幼儿的行为偏差，平和面对与应对，并能用良好的榜样影响幼儿。

六、 家园合作中幼儿自虐行为的矫正

幼儿的自虐行为主要是幼儿在体验负性情绪的一种宣泄方式，事实上情绪并没有对错。我们常把情绪分为"积极的情绪"和"消极的情绪"。面对不舒服的负性情绪，成人要提醒幼儿什么是消极情绪，哪些需要是不合理的，这样幼儿才有机会去学习应对、处理的方式，学着改变自己的想法，改变目前的状态。幼儿在成长过程中需要家长及幼儿园教师及时有效的指导与帮助。

（一）营造一个充满爱与关怀的温馨环境

幼儿园、家庭和社区三者之间应营造一个温馨和谐的环境，一个理想、安全与温暖的环境，是引导幼儿产生正常、良好行为的基础。家园密切配合、共同创造一个良好的成长环境，教师和家长应多给予幼儿生活和精神上的关心、细心的照顾，对幼儿多些鼓励和表扬，耐心倾听他们古怪的念头和想法，询问他们生活中的趣事。教师要鼓励和引导幼儿多参加集体活动，鼓励其他小朋友和他一起游戏、交流，让这些幼儿摆脱孤独感，享受到被尊重和被理解，体会到自我的价值感。家长要鼓励这样的孩子邀请小伙伴到家里做客，分享食物和玩具，慢慢转变其他小朋友对他的看法。良好的人际关系能够有效地减少和控制自虐行为的发生。

（二）关心、尊重和理解幼儿

一是要关心、尊重和理解孩子。现在的父母工作都很忙，但再忙也不能忽视孩子，要主动关心孩子，每天抽出一点时间与孩子交流，倾听孩子内心的声音，如果条件允许最好有亲子共处的专属时间，在亲子共处的专属时间里要做到不被他人打扰。成人对他们的奇特想法和做法应给予理解和尊重，保护其好奇心和创造性，必要时参与到他们的活动中，遇事多跟孩子商量，让孩子生活在宽松、民主、文明的家庭氛围中。

二是适当提出要求。在家庭生活中,父母要对孩子适当提出要求,宽严结合,持之以恒,否则孩子将无法适应突如其来的严格要求。

(三) 转移注意力

发现幼儿有自虐行为产生时,教师要及时用有效的方法转移幼儿的注意力,并且要求家长在家中也予以配合。学前儿童的注意力不稳定、容易受新异刺激的影响,幼儿发生自虐行为时可以用孩子喜欢的游戏、语言、故事等吸引幼儿注意力,使幼儿忘却先前的行为,避免因教师或家长判断不当而引发的强化行为。

(四) 教会幼儿正确表达情绪的方法

幼儿所有行为反应都是情绪表达。学会正确的情绪表达对于幼儿的成长尤为重要。当幼儿有负性情绪时,家长和教师应该引导幼儿正确地表达出来,当孩子遇到挫折、遇到做不了的事情发脾气、甚至哭闹时,家长和老师不要焦虑,可以适时表达关怀:"有什么事需要老师(家长)帮忙吗?"或者教他怎么做。要让幼儿明白他的需要没有得到满足而不高兴,家长(老师)也会陪着他;但如果还是情绪亢奋,要告诉幼儿,"等你情绪平静下来,再告诉我你需要什么"。

(五) 制止幼儿的自虐行为

幼儿的自虐行为只是一时的宣泄或是解脱,幼儿并不能意识到这样做的各种危害性。家长发现孩子有自虐行为的时候,要及时给孩子讲清自虐行为会产生的危险和后果,让孩子知道这样做不但不能解决任何问题,还会给自己以后的生活带来很多的麻烦。只有让孩子从主观上意识到这是一种不好的行为,孩子才能从心理上接受教师或是父母的引导。

学练 结合

一、 名词解释

自虐行为

二、 简答

1. 幼儿自虐行为形成的表现和原因有哪些?
2. 幼儿自虐行为有哪些影响?

三、 材料分析

4岁的皮皮在家长带领下去公园玩,刚到楼下皮皮要吃雪糕。妈妈说:"刚在家里喝了酸奶,等一会儿到公园再买雪糕吃。"皮皮听妈妈这样说没吱声,突然举起手来"啪啪"地打自己的头。妈妈赶紧给孩子解释:"妈妈肯定会给你买雪糕吃的,你看这附近也没有卖雪糕的,咱们到前面公园旁边的超市再买好吗?"皮皮还是一下接一下地打着头,一句话也不说。同样,在幼儿园一遇到自己的需求没获得满足时也会这样,甚至会撞墙或是咬自己。

如果你是幼儿园老师,你会如何制定策略解决这一幼儿的问题?

技能 训练

项目一

设计一份调查问卷,调查有自虐行为幼儿在幼儿园和家庭的具体表现。

项目二

设计一份矫治幼儿自虐行为的集体社会教育活动方案。

推荐 阅读

[1] 孙建华.小议幼儿的自虐行为[J].学前教育研究,2001(1):39.

[2] 胡启托.青少年自虐行为及其成因调查[J].湖北民族学院学报(医学版),2003(3):4.

第五章

集体活动中的常见问题行为

第一节　扰乱集体活动

目标导航

1. 分析幼儿扰乱集体活动行为的原因。
2. 正确进行矫正幼儿扰乱集体活动行为的目标设定。
3. 理解并掌握在家园合作中幼儿扰乱集体活动行为的矫正策略。
4. 运用所学知识分析并解决幼儿扰乱集体活动中出现的相关问题。

情景 导入

明天就是中秋节了,今天王老师组织全班幼儿开展综合活动"我们一起打月饼",幼儿即将和老师一起用彩泥和各种泥塑工具制作"月饼"。王老师把活动材料整齐地摆放在了桌子上,先请幼儿观看"中秋节由来"的视频,计划看完后和幼儿一起进行制作"月饼",并提出明确要求:先不要动桌子上的彩泥和工具,认真观看课件。淘淘是一个活泼好动的小男孩,这时他早已被五颜六色的彩泥和各种有趣的工具所吸引,忍不住用小手摸摸这个、动动那个,玩起了桌子上的彩泥工具,一不小心把整筐材料打翻在地,引得周围其他幼儿都来捡材料,王老师不得不暂停正在播放的视频,开始整顿秩序。

基本 理论

一、幼儿扰乱集体活动行为表述

幼儿园集体活动是指全班幼儿在同一时间和空间做基本相同的事情,活动过程一般是在教师的组织和指导下开展。由于幼儿正处于社会性发展初期,他们行为容易受情绪的影响,自控能力较差,缺乏按规则行动的自觉性,幼儿的行为偏离或违反集体教学情境中教师制定的规则和要求。首先,幼儿扰乱集体活动行为是幼儿的行为与教师对幼儿的要求发生了不一致;其次,判断幼儿违纪行为的依据是他们的某些行为干扰了教师教学或其他幼儿学习。

幼儿扰乱集体活动的具体表现为:幼儿表现出的不符合活动常规或刻意违反规定的行为问题,如在集体活动中不遵守规定,随意离开座位或在教室里来回走动,偏离任务行为、不认真听讲,大声插话或喊叫,与其他同伴窃窃私语,还包括了上课不举手便随意回答老师提出的问题、坐姿不端或滑稽行为,造成课堂混乱的行为。

二、 幼儿扰乱集体活动行为的影响

(一)扰乱集体活动对幼儿时期的影响

频繁出现扰乱集体活动行为的幼儿,会受到教师的批评,长此以往,容易造成该幼儿的消极情绪。比如,有的幼儿早上受了老师批评之后,不愉快的情绪有时持续时间较长,甚至整个半天都闷闷不乐。另外,扰乱集体活动的行为极易和同伴产生矛盾,影响和同伴间的关系。

(二)扰乱集体活动对幼儿今后的影响

幼儿期是规则意识的萌芽期,也是自控力培养的关键期,一旦错过这一关键时期,幼儿将很难养成自我约束、自我管理的良好习惯。在今后成长过程中,幼儿随着年龄增长,与他人相处时将会出现各种各样的问题。所以,应在幼儿期培养其规则意识,让幼儿知道什么事该做、什么事不该做,从小就学会自我管理,为长大做个守纪律、守规则的社会人打下基础。

三、 幼儿扰乱集体活动行为的成因分析

据以往研究表明,幼儿出现扰乱集体活动的原因是多方面的,既有幼儿家庭教养方式的因素,也有教师的原因和幼儿自身的原因。

(一)教师方面的原因

1. 教师过高的要求和期望

教师对幼儿的要求和期望没有考虑到幼儿的个体差异或与幼儿成熟水平不匹配。如活动中教师过多地要求幼儿等待或安静坐着并且保持较长的时间,幼儿会出现闲逛、吵闹等现象,而产生这一现象的根本原因在于教师的不合理要求与期望。

2. 教师自身的失误

首先是活动组织的不合理性。如教师组织活动缺乏科学性或教师提供活动材料的不适宜性,当幼儿对教师设计的活动内容和准备的活动材料完全没有兴趣时会不愿参与,甚至出现扰乱课堂秩序的行为。其次,活动中出现一些意想不到的失误,如教具粘贴脱落、说错话、出现口误、实验操作失败等。这些失误往往会引起幼儿的哄笑和躁动,分散他们的注意力,影响集体活动的正常进行。

3. 教师管理风格不同

教师课堂管理风格分为纵容型(撒手不管)、专制型(事事都管)、民主型(联手合作)三种,不同的管理风格使幼儿的课堂表现迥异。其中,民主型管理风格能最有效地促进幼儿进行自我管理,但年轻的幼儿教师迫于各方面压力,比如担心园长认为她带班水平不如别的老师,从而开始选择能使幼儿听话的强硬手段。教师充当着至高无上的管理者的角色,造成部分幼儿消极行为的出现,会直接影响课堂秩序。

4. 教师创设环境的消极因素

幼儿活动空间的大小、操作材料的数量、活动区域的创设等情况常常会引起幼儿的一些消极行为,如活动区的材料过少引起幼儿争抢、活动室有较长的区域可供幼儿快跑等。幼儿出现这些行为,真正的原因在于教师所创设的环境诱导了幼儿扰乱集体活动行为的发生。

(二)幼儿方面的原因

1. 幼儿阶段的发展特点

幼儿期无论是生理发育、语言发展、认知发展、社会性发展,均处于不成熟阶段。有时幼儿的行为不符合教师的期望是由于生理特点所决定的,他们的典型行为是不能安静地久坐、注意力集中的时间短、常常弄撒操作材料。皮亚杰的认知理论表明,学前儿童的认知属于"前运算"阶段,这一阶段儿童思维的基本特点是它的具体形象性。所以由于认知水平的限制,导致他们不能正确理解教师提出的要求,他们不了解应该怎样做,或对某种行为的结果缺乏认识。教师所提的要求有的比较抽象,幼儿无法理解或在不同情境下不会依据要求调整自己的行为,从而出现了扰乱集体活动的行为。有时幼儿缺乏一些社会交往的必要技能,如与人相处、有效交流、情绪表达、协商共享、分工协作等技能,常常出现和同伴发生矛盾、争抢玩具等行为打断集体活动。

案例:春天来了,教师组织幼儿到操场去观察植物的变化,一路上经过了木马、滑梯、跷跷板这些幼儿平时喜欢的玩具。这时,多多控制不住自己,一个箭步冲上了滑梯。老师连忙提醒说:"多多,快下来。"多多无动于衷,教师继续组织观察植物叶子的变化。其他幼儿看见多多不理会教师的话,仍在玩滑梯,也开始分心了。后来,活跃分子小聪、亮亮也冲上了滑梯。队伍慢慢松散,教师生气了,大声说:"多多!你怎么这么不听话。请你回到教室里去。"边说边把多多从滑梯上拉下来,并用眼神示意他回活动室去。多多在教师愤怒的言辞声中怯怯地向活动室走去。在回去的路上遇到了园长妈妈,园长问:"多多,你怎么一个人啊,是去厕所吗?""老师不让我玩滑梯,可是小聪和亮亮也玩了啊。"多多似乎还是不明白自己错在哪里,表现出很气愤的样子。

案例中多多之所以会有以上表现,是由于生理特点所决定的,当喜爱的玩具呈现在眼前时,幼儿缺乏自控能力,面对自己的行为结果缺乏认识,不知道自己到底错在哪里。

2. 希望吸引他人注意

有些幼儿扰乱集体活动并不是因为他不知道这样做不对,而是由于各种原因引起,若他感受到忽略,则希望通过这些行为引起老师和同伴的注意或关注。这类幼儿有的是家庭经济条件较好,但父母比较忙,陪伴他的时间比较少,他们对父母的依恋没有被充分满足;也有的是在幼儿园不是很受同伴的喜爱与接纳,教师关注较少。他们为了获取更多的关注,所以会做出一些扰乱集体活动的行为引发他人关注。

如区域活动中,一向活跃的乐乐这次终于安静地坚持把46块拼图独立完成了,他激动地招呼老师,老师没有听见;他又给身边的婷婷看他的成果,结果婷婷正忙于自己的事情没理乐乐。于是乐乐为了把老师吸引过来,就开始手舞足蹈、大喊大叫,甚至推倒同伴搭好的积木城堡。

3. 出于好奇和模仿进行错误的学习

幼儿对任何事情都充满好奇,有一种模仿和尝试的动机,当他们看到别人的动作和行为觉得新鲜、好玩时,会进而尝试模仿,但错误学习导致了幼儿许多不当的行为。错误学习有时是由于无意中强化了不当行为造成的,有时则是由不当的角色榜样导致的。如教师课堂上的一句"×××,你为什么总是像猴子一样,上蹿下跳的,太闹了,就不能安静会儿",引得全班孩子哈哈大笑起来,随后,很多孩子也纷纷效仿,开始像猴子一样上蹿下跳。这说明幼儿经常因不可取的行为而获取关注,反过来,这种关注又强化了这种行为,这些幼儿已经学会了用消极的方式获得情感的满足。

(三)家庭教养模式方面

有研究表明,幼儿扰乱集体活动的行为与家庭教养模式有关。高频率发生扰乱集体活动行为的幼儿大多数来自"绝对权威"和"过度溺爱"类型的家庭,这两类家庭的共同特点是对幼儿限制失当。"绝对权威"型的父母过于控制幼儿的自主性,易使幼儿产生逆反心理,产生对抗的要求;"过度溺爱"型父母则完全放弃对幼儿的限制,使幼儿的利己排他行为滋长,一旦进入集体环境中,他们则不能控制、约束自己的行为。所以说在过分溺爱、过分要求、过分放任的环境中成长起来的幼儿不能很好地遵守各项规则、秩序,易出现扰乱集体活动的行为。

四、 教师和家长面对幼儿扰乱集体活动行为的常见做法

(一)幼儿家长的错误做法

父母是孩子的第一任老师,当得知孩子在学校出现扰乱集体活动的行为时,很多父母不是从幼儿的成长着眼,给予正确的引导,而是采用高压高控、惩罚斥责的方式对待幼儿。有的家长则相反,对幼儿扰乱集体活动的问题行为熟视无睹,放任不管。

(二)幼儿园教师的不当做法

1. 大发脾气,喋喋不休的数落

在实践中,有些教师选择采用点名批评、大声斥责等消极的策略方式,使扰乱集体活动的幼儿尴尬、自责,或警告他要将他的不良行为告诉他的父母。这种语言控制并不能使幼儿理解自己的错误行为的后果。幼儿学习途径之一是观察榜样,教师作为幼儿学习的榜样需要控制自己的脾气,因为这就为幼儿提供了自我控制的楷模。动不动就发脾气、不能自控的教师,就不能奢望幼儿建立良好的自我控制。

2. 运用教师权威,采取惩罚措施

教师常对扰乱集体活动的幼儿实施隔离、罚站、不准吃午点或收回发放给该幼儿的奖品或奖励。最常见的做法是教师让扰乱集体活动的幼儿挪到旁边,剥夺该幼儿的学习或游戏时间。在教师的权威下,幼儿能很快表示服从,问题也似乎得到了解决。但事实并非如此,采用惩罚的方式很有可能阻碍幼儿内部控制力的生长,破坏幼儿的自我教育、自我管理的能力,因为惩罚已经使幼儿从自责中解脱出来,他所想的只是惩罚给自己带来的痛苦和痛苦体验,而对自己扰乱集体活动的行为反而减少了自责。

例如:一次音乐活动中,浩浩不好好坐在自己的椅子上而坐到其他小朋友身上。"来,浩浩自己不唱歌,还影响别的小朋友,今天学不会这首歌就不要妈妈来接了……"教师拖着浩浩小朋友的椅子放到了最前面。浩浩被老师严肃的样子吓住了,坐到最前面后并没有跟着唱歌,而是不停地抹着眼泪。

3. 对扰乱集体活动的幼儿放任不管

部分幼儿教师对屡次扰乱集体活动的幼儿熟视无睹,用一种冷漠的态度对待该幼儿。他认为自己的进步老师看不到,自己的错误老师也不理会,幼儿的感受是"教师已经放弃我了",这样的一种教育方式可以称之为教师对幼儿的惩罚性冷漠。

五、 家园合作视角下幼儿扰乱集体活动行为的目标设定

首先,教师和家长应帮助幼儿提高认知能力,对自己的行为有好坏的辨别能力,知道自己做什么样

的行为才是被别人所接受,哪些行为是违反集体活动要求的。

其次,对于经常扰乱集体活动的幼儿,在家园合作视角下帮助幼儿建立自我纪律和自我控制的策略,引导幼儿从小树立自我约束和尊重他人的意识,形成良好的行为规范。

六、家园合作中幼儿扰乱集体活动行为的矫正

幼儿期是萌生规则意识和形成初步规则的重要时期,对于幼儿扰乱集体活动的行为,幼儿园教师及家长都是培养幼儿规则的主体。当幼儿出现违反规则的行为时,需要在家园合作中引导幼儿逐渐自我约束、自我管理,学会尊重他人,形成良好的行为规范。

(一)教师要采用积极的应对策略,将幼儿自我控制能力的培养落实到教育行为上

应对幼儿扰乱集体活动的方法可以有很多种,但最终要落脚到培养幼儿的自我控制能力上,只有幼儿具有了一定的自我控制能力,才能最后解决这一行为问题。培养幼儿的自我控制能力的一个有效方式是在活动和游戏中训练,幼儿是在社会互动的过程中获得行为准则和社会技能的,通过活动情境、游戏扮演等活动为幼儿提供一个有利的、良性的社会互动环境,训练幼儿在游戏中遵守规则,学会站在他人的角度看问题,学会建立和维护秩序,学会自律、轮流、等待、合作等社会技能。

首先,应该让幼儿感受到集体活动中大家共同遵守规则的重要性,产生对规则的需要。不仅仅是要让幼儿遵守规则,还要让他们明白为什么要遵守规则,并明白规则的重要性,尤其是经常扰乱课堂秩序的幼儿。要达到这样的目的仅仅用说教或者命令的方式是远远不够的,还应该让幼儿感受和体验在他们自己的活动中有、无规则的不同效果。教师可在不同的活动情境中抓住时机,适时组织幼儿展开讨论。

教师:军军,刚才你的故事讲得太精彩了,大家听得可认真了!军军,小朋友都认真听你讲故事时,你心里感觉怎么样?(军军平时倾听习惯不好,常常打断他人讲话)

军军:我感觉我就像主持人一样,感觉好极了!(军军边说边对同伴们挥了挥手,样子神气极了)

教师:当你们静静地听我说的时候,我心里也感觉挺好的。那在别人说话或回答问题时,我们应该怎么做呢?

案例中的教师能够抓住时机,组织幼儿讨论"如何尊重他人,认真倾听他人讲话",引导幼儿交流自己认真地听别人和被别人听的感受和体验。在这个基础上,让幼儿明白为什么以及如何倾听他人讲话。当然,我们也可以在其他集体活动的情境当中,比如游戏、上课、区域活动时有目的地引导幼儿感受和体验规则的重要性。

其次,幼儿通过自己制定规则,他们明白了并非所有的规则都是由成人制定的,他们自己也可以制定,规则也不是一成不变的,而是不同的情境下有不同的规则。如上例中幼儿共同梳理出了三条规则:(1)他人发言时安静倾听,不随便走动;(2)眼睛看着发言的人;(3)想发言时举手示意。教师将幼儿共同讨论的规则配上图画贴在活动室内,当组织谈话活动时就可以用来提醒和指导幼儿的行为,培养幼儿自我控制的能力。

再次,借助绘本游戏与幼儿建立共通的语言密码。幼儿对于自己制定的规则,尚不足以保证每时每刻每名幼儿都会遵守。比如说,有些幼儿可能在大家谈话或者活动的时候,仍旧会干扰自己周围的同伴。这时候教师可以借助规则类绘本故事《大卫,不可以》《大卫上学去》《和甘伯伯去游河》让幼儿了解规则的重要性,如《和甘伯伯去游河》故事中,因船上的人物和动物没有遵守和甘伯伯的约定,最后导致船翻了,大家都掉进了河里。这是一个适合全班幼儿参与表演的绘本游戏,幼儿可扮演不同的动物、人

物,在玩玩闹闹中体验违反规则造成的后果。最后组织全体幼儿讨论:"我们教室就像是一艘学习的小船,怎样保证我们这艘船平稳向前开,让我们每天都能学到知识和本领呢?"幼儿会把所有违反规则、扰乱集体活动的行为一一列出,教师记录并张贴在班级内,当有幼儿违反其中一项规则时,教师只需轻轻地说一句:"有人想让我们这艘学习的小船翻掉喽!"这时幼儿接收到的信息是老师在关注着我,我不能让学习的小船翻掉。这种善意的、温暖的提醒、爱的呵护,更易于幼儿接受。这就是绘本阅读带给教师和幼儿共通的精神成长的密码,载有满满的爱和温情。

(二) 在家园合作中矫正和管理幼儿扰乱集体活动的行为

1. 与家长个别沟通,在家庭中培养幼儿的自我控制能力

现今社会,许多幼儿从小被宠爱,规则意识薄弱,常常出现扰乱集体活动的行为。幼儿规则意识的养成需要幼儿园教师的不断努力与探索,也离不开家庭的配合,需要教师定期或不定期地与家长沟通,帮助家长了解如何建立幼儿的规则意识。只有这样才能做到家园教育同步,使规则教育发挥最大的功效,逐步培养幼儿自我管理的意识,提高幼儿规则意识。

建议家长在家庭教育中要做到这三点:第一,父母和孩子一起制定科学合理的生活秩序,比如按时睡觉、起床、自己收拾房间等。良好的生活秩序能帮助幼儿养成自觉的好习惯。另外,父母也要有规律的生活,以身作则,潜移默化地影响幼儿。第二,父母对孩子的要求要一致,并且持之以恒,对孩子的不良行为应及时予以制止,不要纵容,更不能毫无原则地妥协。第三,父母要不断修改对幼儿原有行为规范的要求,不断鼓励和赞赏儿童逐渐养成的各种良好的行为习惯。

幼儿自我约束的意识和自控力培养是一个比较漫长复杂的过程,在此期间,通过教师和父母的不断沟通、共同努力,不断激励并加以督促引导,为孩子创设一个家园一致的教育环境,可以培养孩子良好的自控力。

2. 有针对性地开展亲子活动,解决幼儿当下存在的问题

亲子活动是幼儿园工作中不可缺少的一个环节,定期开展亲子活动对促进幼儿园教育具有重要作用,因为家长对幼儿进行正确的家庭教育可以弥补集体教育的不足。教师可针对幼儿当前存在的问题,有针对性地开展亲子活动,争取家长的理解、支持和主动参与,每次亲子活动的组织教师首先要有明确的目的性,通过组织活动帮助家长提升家教观念,解决幼儿存在的问题。

对于幼儿扰乱集体活动的行为,教师可通过谈话活动、协商活动、个别化学习活动帮助幼儿建立自我约束意识,培养幼儿自我控制的能力。亲子活动的设置体现以下几个特点:第一,为幼儿提供自己做主的机会,这样可以增强他的控制感。不过教师为幼儿提供的选择要注意两点:一是难度要适中;二是给予选择机会就要尊重幼儿的决定,并让幼儿体验自己做决定所带来的后果,这样可以教会幼儿为自己的决定负责,从而逐步学会自律、自控。第二,正面引导而非消极禁止。给幼儿提出的要求要注意语气和方式,应是建设性的而不是否定性的,比如说"请将鞋子摆放整齐",而不是说"不要乱扔鞋子";正面建议即积极引导,正面教育不仅使幼儿懂得自己该做什么,而且知道该怎么做,利于幼儿逐步学会自律、自控;而消极的禁止往往使孩子不知正确的该怎么做,甚至导致幼儿产生逆反心理。第三,隐性强化转为内化。教师的奖赏可以是一个微笑,一个眼神或一个点赞的手势,同幼儿的成功快乐相结合,就构成了对幼儿继续自律、自控行为的潜在的强化。第四,站在他人立场,逐步摆脱自我中心。家长需要教给幼儿站在他人立场考虑问题,理解他人观点和想法。尽管幼儿时期他们还不能很好地做到这一点,但应该引导幼儿尝试。这一点比教给幼儿盲目服从规则更有意义。

3. 家长开放日每月一次,使家园同步共促幼儿发展

家长开放日活动是一项面向幼儿家长的活动,坚持每月一次使其常态化,目的不仅是展示幼儿在园生活、展示教师才能的机会,也是更新家长观念的机会。家长开放日活动中,教师们展现丰富多彩、贴近幼儿生活的活动,充分体现幼儿的主体参与性,寓教于乐,同时把尊重幼儿、相信幼儿、充分给予幼儿机会等宝贵经验和新的教育观念传递给家长。

学练 结合

一、名词解释

扰乱集体活动　幼儿自控力

二、简答

1. 幼儿扰乱集体活动的行为形成的原因有哪些?
2. 在家园合作视角下对幼儿扰乱集体活动行为应进行怎样的目标设定?
3. 在家园合作视角下对幼儿扰乱集体活动行为的矫正与管理策略有哪些?

三、材料分析

在刘老师的艺术活动"落叶跳舞"中,刘老师组织幼儿欣赏了很多树叶粘贴画的图片后,就开始请幼儿用树叶进行粘贴创作。落叶是孩子们刚刚自己在操场上捡来的,这样的操作材料对于幼儿来说很是新鲜,他们早已跃跃欲试。刘老师刚刚宣布开始,丁丁就先抢起了桌子上的小树叶:"这个叶子是我捡的。"萱萱也急了:"不对,这是我捡的。刘老师,他抢我的树叶。"这组其他幼儿见状,也纷纷抢起了树叶,操作活动还没有正式开始,课堂秩序就一片混乱。刘老师只能把桌子上的叶子平均分给该组的幼儿,并说道:"自己用自己的叶子,谁也别抢谁的。"

对集体活动中这一现象你怎么看?

技能 训练

项目一
设计一份问卷,调查幼儿园教师对幼儿扰乱集体活动行为的常见做法。
项目二
设计一份针对幼儿自控力培养的亲子活动方案。

推荐 阅读

[1] 赵娜. 幼儿教师课堂管理行为的研究[D]. 天津师范大学,2014.

[2] 姜锐. 教师应对幼儿违纪行为的现状分析及策略研究[D]. 江西师范大学,2010.

[3] 唐继红,徐月芽. 帮助幼儿建立自我纪律和自我控制[J]. 学前教育研究,1995(5).

第二节 破坏性行为

目标导航

1. 了解幼儿破坏性行为的含义和类型,分析形成的原因。
2. 重视幼儿破坏性行为的影响。
3. 正确进行矫正幼儿破坏性行为干预的目标设定。
4. 理解并掌握在家园合作中对幼儿破坏性行为的矫正与干预方法。
5. 运用所学知识分析并解决幼儿在社会化过程中出现的破坏性行为问题。

情景 导入

大班5岁多的男孩王宝小朋友平时有些好动,在活动和游戏中经常会违反规则,教师认为他存在一定的破坏性行为倾向。王宝有时会故意打翻身边的东西,无缘无故地推倒别人搭建的积木,还经常拿起画笔把同伴的画画得乱七八糟,如果老师批评他,他会笑嘻嘻地看着老师,点头答应改正错误,可过一会儿老毛病就又犯了。

基本 理论

一、幼儿破坏性行为表述

破坏性行为障碍(Disruptive Behavior Disorder,DBD)是儿童青少年期最常见的精神行为问题之一,在DSM-Ⅲ-R中包括注意缺陷多动障碍(Attention Deficit Hyperactivity Disorder,ADHD),对立违抗障碍(Oppositional Defiant Disorder,ODD)和品行障碍(Conduct Disorder,CD),而在DSM-Ⅳ中称为注意缺陷及DBD。DBD表现为注意缺陷、多动/冲动、不顺从、违抗及破坏行为。它是一种因心理偏差而产生的经常性的行为问题,指幼儿对物的有意或无意的情绪发泄行为,造成物的位置、形态、结构等的改变。该行为给他人和自身都会带来不良影响,严重时甚至影响到人格的正常发展,给家庭和社会带来沉重的负担,所以备受关注。

从心理学的角度来分析一个完整的行为过程可以分为动机、进行和后果。幼儿的"破坏性行为"可分"无意性破坏行为"和"有意性破坏行为"两种类型。无意性破坏行为是幼儿在游戏中的某种行为可能对物品或环境造成伤害,例如把书当作玩具,把撕书当作一种游戏来玩;为了让植物快点生长,将小苗往上拔,导致植物枯死等。这种无意识的行为造成的损害就叫无意破坏。"无意性破坏行为"主要发生在低龄幼儿身上;有意性破坏行为是幼儿明知某种行为举动会带来不好的后果,却依然为之。有意破坏是带有动机的主观性破坏,包括破坏玩具、学具,破坏动植物,干扰他人活动等。

二、 幼儿破坏性行为的影响

幼儿时期是养成良好行为习惯的关键时期,一旦形成了破坏性行为障碍将给他人和自身都带来不良影响。这些行为的产生使幼儿的身体、心理得不到健全发展,如果不能引起重视和及时矫正将会导致一些幼儿在成长道路中偏离正常轨道,甚至走向歧途。

(一)破坏性行为对幼儿时期的影响

首先,破坏性行为会影响幼儿的心理健康和社会适应。幼儿期如果有破坏性行为障碍会导致其形成自卑、自闭等不良心理倾向,影响健全人格的发展,影响其接受和适应社会群体的生活方式、行为方式和价值观。

其次,破坏性行为会影响幼儿人际交往能力。有破坏性行为的幼儿往往不受同伴欢迎,在生活和游戏中常常会受到同伴的排斥。其他幼儿的家长一方面会担心自己的孩子跟这样的孩子一起玩有可能会受到伤害,另一方面会担心自己的孩子受到其不良行为的影响而学坏,会让自己的孩子远离他们,使他们的人际交往空间和时间受到一定局限,影响其人际交往能力的发展。

(二)破坏性行为对青春期的影响

青春期是童年向成年过渡的阶段,是生理、心理、社会适应能力从不成熟趋向成熟的发展过程。研究表明破坏性行为障碍对青春期少年的学习、生活均有明显的影响,甚至影响到人格的正常发展。

1. 对情绪的影响

情绪,是对一系列主观认知经验的通称,是多种感觉、思想和行为综合产生的心理和生理状态。青春期少年心理发展还处在不稳定的时期,其情感意志、个性发展还不成熟,情绪容易波动,情绪发展表现为明显的两极性,如强烈与温和、外露与含蓄、稳定与冲动、自尊与自卑,这一时期的学生易从一个极端走向另一个极端。破坏性行为障碍会使其产生持久性的负面情绪,产生违抗、敌意、对立、挑衅和破坏行为,他们对于自己的行为所造成的不良后果不会产生苦恼,甚至期望通过他们的破坏行为为自己带来更多的物质利益,这些行为违反了与年龄相适应的社会行为规范和道德准则,影响他们本身情绪的正常发展,有可能造成青春期焦虑症、强迫症、睡眠障碍等。

2. 对学业的影响

青春期少年正处于逆反期,破坏性行为障碍会诱发青少年在学业方面的叛逆行为,造成学习困难,如注意力不集中、成绩不佳、厌学等。

3. 对社会性发展的影响

青春期是个体在生物性和社会性的发展上走向成熟的时期,正处在从幼稚的儿童期向成熟的青年期过渡的时期,虽然心理内容的社会性早在儿童时期就已开始出现了,但是更大规模的深刻的社会化,则是在青春期完成的。这一时期的破坏性行为偏差对青少年个体来说具有发展为违法犯罪行为的隐患,将严重影响到他们社交及和谐家庭的构建,影响他们的社会性健康发展。

(三)破坏性行为对成年后的影响

研究表明:长期患有破坏性行为障碍的人,在成人期总体社会功能相对较差,出现情感障碍、焦虑障碍、人格障碍,表现出反社会型人格、反社会行为、情绪问题和物质滥用等问题,如酒精滥用、犯罪行为、阅读障碍、低教育水平等。

破坏性行为对一个人的工作和生活有着重大影响。生活中,由于人格障碍和情绪障碍的影响他们动不动就会发脾气、摔东西,较难与身边的人和谐相处,造成人际关系紧张,家庭生活不和谐,人际交往的困难使得他们对生活缺乏热情,常常感到不愉快,感到孤独。在工作中,一个具有破坏性行为的人会表现出回避或强迫性的个性,做事情事无巨细或偏执和多疑,他们无法为了团队利益而忽略个人需求或目标,缺乏社交技巧和礼仪,不会合作,使得工作效率低。

三、 幼儿破坏性行为成因分析

幼儿的破坏性行为多数是幼儿自我意识的萌芽,或是一种探索精神的体现,是最初的思维活动。"无意性破坏行为"和"有意性破坏行为"在本质上存在一定的区别,形成的原因也不同。

(一)无意性破坏行为

幼儿的无意性破坏行为是幼儿行为所带来的破坏性后果并不是由破坏动机所支配的,而是幼儿尚处在神经发育旺盛期,性情活泼,以自我为中心,认知缺乏。经研究产生这类行为的原因主要有以下三点。

1. 身体发育不完善,控制能力差

首先,0～6岁幼儿大脑发育还不够完善,这时幼儿的神经通路、反射弧才形成不久,反应和协调技能较弱,而且大脑皮质注意神经元所在的额叶尚未成熟,造成了注意力集中时间不长,易受无关刺激的干扰。其次,幼儿不善于控制自己的行为和欲望,心里想什么就去做什么,明知是不对的事仍会模仿别人,就会出现一些破坏性行为的表面现象,这主要是由其心理特点决定的。

2. 认识缺乏,技能不足

模仿是幼儿学习的主要形式之一,他们喜欢模仿身边的人,比如父母、教师、同伴、动画人物、影视明星等。如果幼儿所处的环境中经常出现一些不良榜样,将会导致他们学到一些不好的行为。例如:有个6岁的男孩,特别喜欢看动画片《奥特曼》,动画片中主人公的形象成为了孩子的模仿对象,他会经常无意中把身边的小朋友或玩具当怪兽打,表现出一些破坏性行为,却认为自己的行为是一种英雄的表现。又如:有个5岁的女孩特别热心肠,爱帮助别人,有一天午饭时,她主动帮小朋友盛饭,因没控制好,摔了碗,洒了饭,还烫了身边的小朋友,这些都是因为他们技能不足、缺乏社会经验导致的。

3. 好奇心强,喜欢探索行为

每一个幼儿都是有好奇心的,婴儿时期虽不会讲话,但是他的那双眼睛说明他对这个世界充满了好奇,有强烈的探索欲望。随着幼儿年龄的增长他们了解身边事物的欲望越来越强烈,会对新的事物尝试探索,有的幼儿将钟表、电动玩具拆开,想知道为什么这些东西会发出声音,钟表里的指针为什么会走;有的幼儿将玩具扔到厕所里是因为想知道玩具能不能被水冲走,它会不会将厕所堵住;有的幼儿揪树叶喂兔子是想看看兔子是不是也喜欢吃树叶……这些行为都是因为幼儿对世界充满了好奇心,所以自己想动手做一做、试一试。

(二)有意性破坏行为

幼儿的有意性破坏行为是带有动机的主观性的破坏,由情绪障碍引起情绪发泄,主要是因为幼儿的需要没有得到满足,存在报复心、嫉妒心,缺乏辨别是非的能力,渴望得到他人关注等原因造成的。

(1)需要未满足:有研究表明5～6岁幼儿的需要未满足时发脾气出现率为77.4%,幼儿破坏性行为系数为465,家长非理性教育系数为331,这些数据体现出家庭教育的非理性。家长对自己的幼儿骄

纵,尤其是爷爷奶奶对幼儿的要求无条件服从,从而使幼儿在没有得到自己想要的东西时而发脾气,因此会发生幼儿摔碗、摔东西等破坏行为。

(2) 报复性破坏:幼儿语言能力发展不如动作发展,情绪受到压抑后反弹形成激烈的外部表现,有的孩子经常受到欺负和讥笑,自己又缺乏辩解的能力,就偷偷地搞一些破坏性行为来报复,从而出现打人,撕毁他人东西的行为。

(3) 嫉妒破坏:有些幼儿看见别的幼儿穿的、吃的、用的比自己的好,就会产生嫉妒心理,也会去破坏别人的东西。

(4) 是非观点不明:有些幼儿是非观点不明,认为别人不敢说的、不敢干的自己敢说敢干,是一件值得炫耀的事。例如:说脏话、摘花朵、摇树干。有部分幼儿在不经意之间会冒出脏话,一般是家庭因素导致的,幼儿因受最亲近的人的不良影响久而久之会说出脏话。

(5) 渴望得到他人关注:有些幼儿为了吸引教师或家长的注意,不甘心受到冷落而出现破坏的行为,例如:谈话时插嘴、故意摔碎东西、在商场故意走失躲起来让父母担心责骂,使受关注的心里得到满足。

(6) 不良情绪宣泄:有的幼儿有不愉快的情绪体验而又不知道如何进行恰当表达时,就有可能以一种破坏性行为作为不良情绪的突破口。例如,一名幼儿在区角活动中将娃娃的衣服撕破,是因为早上爸爸妈妈的吵架造成孩子情绪的波动。父母感情不和,不关心幼儿,在这种情况下,幼儿会感到压抑,从而产生发泄的冲动,借破坏物品暂时消除内心的不满和压抑。

(7) 对失败手足无措:出现破坏行为也可能是幼儿较长时间的探索不成功,其行为已停留在无意义的反复摆弄和操作上,失去了进一步探索的兴趣和信心,此时的行为可能是情绪烦躁引起的,或者是一种对不成功行为的放弃性破坏。

四、 教师和家长面对幼儿破坏性行为的常见做法

破坏性行为障碍会严重影响幼儿的社会性发展和健全人格的形成,目前这一问题已经引起广泛重视。但是,由于家长和幼儿园教师对破坏性行为认识的局限性,当幼儿出现破坏性行为时,一些家长和幼儿园教师忽视幼儿的生理特点和心理需求,许多做法欠妥或是错误的。

(一) 幼儿家长的错误做法

有些幼儿家长对幼儿的破坏性行为表示认同,甚至放纵其行为。他们认为,孩子小好奇心强、不懂事,做出什么样的事情都是可以理解的,甚至把孩子的破坏性行为当成是创造性行为和勇敢行为,家长的错误认知潜移默化中影响着幼儿的认知和道德判断。久而久之,孩子会把自己的破坏行为当作是理所应当的事情,做错事不但不承认错误还会找出多种理由为自己辩解,慢慢养成了无理、狡辩、放纵甚至残暴的不良品质。也有些家长看到孩子表现出破坏性行为会立即制止,但他们并不关注孩子的行为动机和心理需求,缺乏和孩子的沟通,处理不妥当。还有少数家长不能容忍幼儿出现破坏行为,幼儿行为稍有偏颇就会严厉训斥,甚至打骂,态度简单粗暴。

这些表现都是家长对家庭教育的重视不够,缺乏对幼儿心理发展特点的认识造成的,需要幼儿园教师的正确指导。

(二) 幼儿园教师的不当做法

目前我国大部分幼儿园班容量较大,教师往往忙于琐碎的工作,对幼儿的观察不到位,在幼儿出现

破坏性行为的时候多数教师不清楚幼儿行为背后的动机,只看到行为的结果,对幼儿的"无意性破坏行为"和"有意性破坏行为"分辨不清。常见的做法是教师对幼儿的行为进行简单的评价或批评,缺乏有价值的指导。有些教师面对孩子的"有意破坏行为"感到束手无策只能顺其自然,问题严重时一般只会采取将其隔离的方式。

面对孩子的破坏性行为教师多采取回避的态度,主要源于幼儿园教师在工作中对幼儿破坏性行为的认识与引导不专业,对家长进行家庭教育指导的能力不足,家园无法有效沟通与合作。

五、 家园合作视角下对幼儿破坏性行为的目标设定

首先,幼儿园教师和家长通过实际生活、情境游戏等方式帮助幼儿感受和体验破坏性行为,引导幼儿认识到破坏性行为在给他人带来伤害的同时也会给自身带来不良影响。

第二,对有破坏性行为倾向的幼儿,在家园合作视角下引导幼儿积极地自我调节,逐步调整其不良行为,帮助其建立良好的亲子关系和同伴关系。

第三,现代社会对人的素质要求越来越高,尤其是要求具备良好的合作共事能力,要重视幼儿交往的价值,把培养幼儿良好的行为习惯、性格放在首位,提升他们的亲社会行为能力,为未来的学习、工作和社会生活打下良好基础。

六、 家园合作中幼儿破坏性行为的矫正

幼儿期是个性形成的关键期。面对幼儿的破坏性行为,幼儿园教师和家长要理智分析、冷静面对、耐心引导,力求从幼儿的消极行为中寻找积极的因素,循序善诱,用爱和科学的教育策略及方法,促进幼儿人格的健全发展,促进幼儿社会性更好的发展。

(一)幼儿园教师和家长要与幼儿建立亲和的关系

首先,幼儿园教师和家长要学会耐心倾听幼儿的感受,分析幼儿有意破坏性行为形成的原因,因势利导。面对幼儿是为了引起成人注意而搞一些破坏,成人应及时给予更多关注,多关心他们的学习、生活、游戏,日常生活中要主动与该幼儿进行交谈、玩耍,让幼儿感受到教师和家长眼中有自己。面对幼儿破坏物品的行为,成人可以根据具体情景编故事或用拟人的方法,引导幼儿懂得应该爱护物品和玩具。让孩子认识到:不管因为什么,破坏东西是一种不良的行为,应尽量避免和改正。成人要特别注意在正确的引导下培养幼儿爱护物品和玩具的好习惯。其次,在幼儿园班级中要形成一种温馨和谐的氛围,建立亲和的师生关系。另外,教师要不断提高自身的专业能力,了解幼儿的心理,激发自己的亲和动机,真正成为幼儿信赖、敬佩、爱戴的良师益友。

(二)幼儿园教师和家长要合理引导幼儿进行情绪宣泄

宣泄是指人把过去在某个情景或某个时候受到的心理创伤、不幸遭遇和所感受到的情绪发泄出来,以达到缓解和消除来访者消极情绪的目的。情绪宣泄是儿童的一个常见现象,同时也是幼儿心理健康方面的一个重要内容。由于幼儿对个人情绪宣泄的认识水平和评价水平都不高,因而他们还不能根据场合合理地宣泄情绪。不正确的发泄方式会助长幼儿急躁不安、倔强、无理取闹的坏脾气,在性格方面还会产生自闭症、退缩、缺乏信心等,甚至会造成侵扰其他幼儿、伤害他人等现象。保持幼儿的心理健康必须让其适度宣泄,只有让他们学会恰当体验、控制和表达自己的各种情绪,他们才能成为真正快乐的

人。幼儿园教师和家长应采取适当的方式引导幼儿进行合理的情绪宣泄。

1. 开展教育活动，丰富幼儿的认知内容和情绪体验

有些幼儿在入园时已经形成了坏脾气，一不高兴就乱摔东西，或拿玩具、物品撒气，这主要是由于幼儿不懂应该怎样正确表达自己情感造成的。幼儿园教师可以针对这一方面的内容组织专门的教育活动，可以通过绘本阅读、情境表演等活动及日常生活中的耐心指导引领幼儿逐步掌握正确表达情绪情感的方式方法。

2. 提供适当的环境，让幼儿在游戏中得到宣泄

在条件允许的情况下可以开设情绪宣泄区角，如设置一些沙袋或者软材质的玩偶专门让幼儿发泄自己的情绪，还可以和幼儿一起玩有"破坏性"的游戏活动。如玩战争游戏，搭好"城堡"后再全部炸毁等；另外，还可以教幼儿用冷水拍拍自己的脸。这类做法在日本、韩国等地较为提倡，有助于培养幼儿合理控制自己的情绪及行为。

（三）幼儿园教师和家长要科学引导幼儿的探究行为

很多时候，幼儿有的破坏性行为并不是单纯的破坏，而是因对周围事物的好奇引起的有目的、有意识的探索尝试。因此，作为教师或者家长应认真观察幼儿的行为，弄清楚破坏行为的缘由，并对幼儿的行为给予正确引导，只有这样，幼儿才能在纠错的过程中发展探索精神，获得知识和经验。

例如：夏天的一个晌午，妈妈和5岁的儿子泽泽在家，妈妈在厨房做午饭，泽泽独自一人在客厅玩耍。当妈妈把饭端到餐桌时，眼前的一幕让人大吃一惊。只见泽泽蹲在一个塑料盆前，周围摆满了各种瓶瓶罐罐，有洗衣液、洗发水、护发素，还有妈妈刚刚买的化妆品。这时，他正一手拿着化妆水瓶往盆里倒，一手拿着小棍在不停地搅拌，看到妈妈便高兴地招呼："妈妈快来看，我的魔药就要做成了。""我的天呀，你这是在干什么？"经过一番询问妈妈得知原来儿子制作"魔药"是为了要消灭家里的蚊子，他想用这些材料调制一种蚊子喜欢的味道让蚊子自投罗网。前不久，妈妈给儿子讲了《小乔治的神奇魔药》这本书，他这是在学着小乔治的样子尝试自己配制灭蚊"魔药"呢。见此情景妈妈没有发火而是和儿子一起将东西收拾干净，告诉儿子浪费是不对的，便和儿子谈起了蚊子的话题，在妈妈的引导下泽泽了解了很多关于蚊子的知识。

成人耐心、科学地引导和帮助幼儿，能让他认识自己的错误，避免错误行为的再次出现。同时，循序善诱地引发幼儿思考能增强他们的认知能力和探索精神。

（四）幼儿园教师和家长要对幼儿实施适当的行为训练

所谓行为训练是指教师通过真实的生活情境与生活事件促进幼儿社会基本技能与社会行为的发展。幼儿园教师和家长要充分利用一切机会让幼儿进行实践，从而巩固幼儿的基本社会行为，逐渐形成自觉行为。

1. 利用移情训练帮助幼儿感受他人的情感体验

移情是亲社会行为的源泉，能有效阻碍攻击和破坏等不良行为。移情训练就是通过故事、情景表演及日常交谈等形式，使幼儿理解、感受被破坏人的情绪情感体验，使幼儿在日后生活中对他人类似的情绪、情感产生习惯性的理解。

2. 利用注意转移的方式把幼儿的破坏行为转移到正确的轨道上来

例如：有些幼儿的求知欲很强，无论成人怎样教育，如不让他毁坏玩具，但他还是控制不了自己探索的欲望，遇到自己感兴趣的东西，还是会拆开看看。这时，教师和家长千万不要以为是幼儿任性、不听话，强行粗暴干涉，而是要采取转移注意力的方式，因势利导，启发和保护幼儿的创造力。可提供一些安

全无毒的废旧物品,指导幼儿进行手工制作,满足他们动手操作的需求,把拆东西的兴趣转移到制作上来。这样,不仅可以满足幼儿的探求欲望,使幼儿充分体验创造的喜悦,还可使其创造思维更加活跃,创造能力得以持续提高。

3. 利用感觉统合训练促进幼儿社会性发展

感觉统合是指组合人体器官各个部分的视、听、嗅、味、触、本体、平衡、运动等感觉信息输入,经过大脑的组合,来完成身体的内在知觉,并且对此做出反应。感觉统合训练是通过特定的运动器械,对幼儿的感觉和运动能力,采取有目的性、有计划和有针对性的练习,是一种运动训练矫正法,也是一种孩子们喜欢参与的运动性游戏。研究证明,感觉统合失调的幼儿,往往容易出现多动、脾气暴躁、注意力不集中、破坏物品等行为,通过有目的有计划的感觉统合训练能提高孩子的体能、记忆能力、学习能力、人际交往能力,全面促进孩子的健康成长,有效减少幼儿破坏性行为的发生。

(五)幼儿园教师和家长要为幼儿创设适宜的环境

1. 控制环境中易引发幼儿破坏性行为的因素

首先,小班幼儿尚处于自我中心阶段,多以平行游戏为主,活动时往往会愿意选择与同伴相同的玩具,如果玩具数量少就会引发幼儿之间争抢玩具的事件从而引发破坏性行为。所以,针对年龄小的幼儿在提供材料时应注意同一种玩具要保证足够的数量。其次,中、大班幼儿无论在智能还是体能方面都有很大提高,他们越来越喜欢有挑战性的游戏,应为幼儿提供足够大的活动空间,让其充分活动,可以有效避免因空间不足引发的幼儿的破坏性行为。再次,要为幼儿提供适合其发展水平的玩具。提供的玩具如果太复杂则幼儿不会玩,如果太简单则幼儿又会觉得没意思。幼儿对玩具失去了兴趣很容易产生丢弃或损坏玩具的现象。因此,成人必须要根据幼儿的年龄特点和发展水平,选择适合他们的玩具。另外,有些幼儿特别好动,什么东西都想动,缺乏一定的安全意识,成人稍不注意,幼儿就可能闯祸。对这类幼儿,教师和家长需要有效地加以控制,尽可能减少能引发破坏行为的一切因素,如把易损坏的物品放到幼儿够不到的地方,必要时锁起来,以减少其破坏行为。

2. 要为幼儿树立良好的榜样

模仿是幼儿社会性学习的主要形式之一。作为教师和家长要以身作则,避免在幼儿面前出现发脾气、摔东西等消极行为,不要让幼儿观看具有恐怖、暴力行为的图画书及影视作品。

(六)幼儿园教师和家长要对幼儿采取必要的激励措施

激励性言语行为在幼儿的成长过程中起着不可估量的作用,对幼儿施以不同形式的激励可以培养他们的控制能力。教师和家长可以用正面积极的激励言语,针对幼儿较为突出的方面进行鼓励,以表扬优点来促进他们改掉缺点。例如,可以制作"宝贝行为的记录表"每天记录幼儿的行为,当幼儿一天中没有破坏行为时就在表格中对应的日期上化一个"小笑脸",每过一段时间(一周、半个月、一个月等)让幼儿数一数,看看自己的进步情况,以此来激励幼儿爱护物品和玩具。

(七)幼儿园教师和家长要建立家园互动平台

家长在孩子的生活中扮演着重要的角色,一言一行直接影响到孩子的行为和态度,起着榜样示范的作用。幼儿园应利用园所网站、微信公众平台、QQ群、家长学校及班级的家园互动栏、宣传窗、阅读角等形式向家长宣传正确的自我心理保健知识,通过多种途径提高家长的心理素质和科学育儿的理念。幼儿园教师要积极与家长沟通,引导家长以良好的心态对待工作、生活和孩子,注意自己的言行举止,改善自己对孩子的教养方式,多了解孩子内心的想法,倾听孩子的语言表达,切忌想当然的主观臆断后就对孩子批评教育,真正做到关注孩子的情感,以自身良好的人格影响孩子,让孩子健康成长。幼儿园与幼儿家庭之间要形成统一的教育思想,给孩子一个形成健康心理的环境,杜绝不良情绪的产生,从而减少幼儿的破坏性行为。

总之,幼儿园教师和家长要以正确的儿童观、教育观为前提,尊重、热爱与严格要求相结合,创设使幼儿感到快乐、安全和舒适的生活、学习环境;尊重幼儿的人格,理智地面对幼儿的破坏性行为,不宜对幼儿采取训斥、怒吼、恐吓、体罚粗暴的方式;更不能熟视无睹、放纵,应从日常琐事出发,对不同类型的破坏性行为采取不同的处理方式,以减少和消除幼儿的破坏性行为,促进幼儿个性的完善和良好品德的形成。

学练 结合

一、名词解释

破坏性行为

二、简答

1. 幼儿破坏性行为形成的原因有哪些?
2. 幼儿时期的破坏性行为如果不能及时矫正,对幼儿成年后有哪些影响?
3. 在家园合作视角下对幼儿破坏性行为应进行怎样的目标设定?

三、材料分析

有一天,张老师穿了条新裙子,在区角活动时她边巡视边指导幼儿练习剪纸。忽然,听见身边有孩子喊:"老师,小小把你的裙子剪破了。"张老师赶紧将裙子转过来,一条一寸多长的口子刺眼地摆在那。张老师很生气,猛地回头,看见的是小小吓呆的样子。她稳定了一下情绪,轻轻地问:"小小,你为什么要剪老师的裙子?"小小说:"我想试一试剪子能不能剪布。"

1. 请分析材料中小小破坏性行为的原因。
2. 谈一谈,如果你是张老师,接下来会怎样做?

技能 训练

项目一
设计一份针对幼儿破坏性行为的教育活动方案。

项目二
设计一份问卷,调查家长对幼儿破坏性行为的重视程度。

项目三
请班级同学扮演一场幼儿在家庭中破坏性行为的情景剧,并讨论制定有针对性的矫正策略。

推荐 阅读

[1] 夏君.幼儿破坏性行为与矫正[J].当代学前教育,2014(2):46—48.

[2] 钱秋谨,李岳玲,王玉凤等.破坏性行为障碍对注意缺陷多动障碍患儿成人期预后的影响[J].实用儿科临床杂志,2009,24(23):1829—1832.

[3] 韩凤玲,吴志江,王蔓娜等.父母养育方式与儿童自我意识关系的研究[J].四川精神卫生,2004,17(3):129—131.

第六章

性别角色发展中的常见问题行为倾向

第一节　恋母情结倾向

目标导航

1. 分析幼儿恋母情结倾向形成的原因。
2. 重视幼儿恋母情结倾向的影响。
3. 正确进行矫正幼儿恋母情结倾向的目标设定。
4. 理解并掌握在家园合作中幼儿恋母情结倾向的矫正策略。
5. 运用所学知识分析并解决幼儿性别角色社会化过程中出现的相关问题。

情景　导入

大一班渊渊小朋友的妈妈最近不断与老师讨论如何才能成功与孩子分床睡的问题。实际上,在中班的时候,幼儿园组织家长学习过幼儿到了一定的年龄与父母分床睡的好处和策略,可渊渊妈妈那时候觉得孩子还小,没必要分床。渊渊现在快 6 周岁了,每天晚上一定要钻到妈妈的被窝抱着妈妈的胳膊睡觉,甚至要摸着妈妈的乳房才能睡着。渊渊妈妈感觉渊渊作为男孩子到了必须分床睡的时候。

基本　理论

一、幼儿恋母情结倾向表述

"情结"是隐藏在人类心灵深处的潜意识。人类在生活和劳动中积攒了很多的心理和生活经验,心理经验久而久之就会在心底形成一种精神残留,这种残留在精神层面长久地存留下来,慢慢地就会堆积成一种情怀,这种情怀就是情结。

"恋母情结"是人类生活中的一种现象,也是一种心理倾向,顾名思义,就是男性喜欢自己的母亲,依恋母亲,把母亲作为爱恋的对象。"恋母"是一种本能的认知,是情感的自然流淌,是人类最初的情感萌动,很多人从幼年起就有这种情结。

"恋母情结"也被称为"俄狄浦斯情结",是奥地利心理学家弗洛伊德的研究成果,是其精神分析理论的核心,在精神分析中,这种情结被解释为是一种本能冲动。与"恋母情结"相对的是"恋父情结",也被称为"爱烈屈拉情结""厄勒克特拉情结""依莱特接情结"。这两种情结可以解释为男孩亲近母亲而反抗父亲,女孩亲近父亲而反抗母亲。弗洛伊德并没有正式给"恋母情结"下一个准确的定义,也没有在任何著作中对此情结做系统的阐述,"恋母情结"这一理论是弗氏在研究古希腊戏剧家索福克勒斯的《俄狄浦斯王》时首先提出并命名的。弗洛伊德认为每一个婴幼儿在性发展中都存在着一个寻求性对象的时期,而他们所处的环境暂时只有父亲和母亲,因此对于婴儿和幼儿来说,他们的第一性对象就指向了父亲或者是母亲。恋母情结主要是男孩儿的一种欲望倾向(本书中不讨论"恋父情结"),"恋母情结"的主体是父、母、子三角关系中的儿子。男性(儿子)具有某种与生俱来的性驱力,从心理到生理都把母亲看作自己的所有物,从而对母亲怀有一种柔情。随着儿子的生长与成熟,"恋母情结"中的父母不单单是生理意义上的父母,而是一种心理意象,这个意象可能是具有某种母亲特征的其他人。

恋母情结是一个多学科术语。不管是在中国还是在西方,涉及心理、教育、文学等各个领域。

每个孩子在早年都有一段很依恋母亲的时期,幼儿时期的男性(后统称男童或幼儿)对母亲的过度依恋还不能说是恋母情结,实际上是对母亲过度依赖的表现。而幼儿对母亲的过度依赖如不引起重视,没有及时矫正,则容易导致形成恋母情结。所以,本书中男童对母亲的过度依恋,我们称作恋母情结倾向。

二、 幼儿恋母情结倾向的影响

幼儿期是幼儿摆脱依赖走向独立的关键期。男童恋母情结倾向如不引起重视,对其身心发展尤其是对幼儿性别角色社会化发展不利。

(一)恋母情结倾向对幼儿时期的影响

第一,恋母情结倾向不利于幼儿社会性的发展。恋母情结倾向的男童会对母亲过度依赖,无法忍受与母亲的短暂分离。这种过度依赖的负面影响首先表现在幼儿难以适应幼儿园的生活,对同伴易产生胆怯和排斥的心理,在与同伴交往时很难形成积极的互动。长此以往,幼儿往往情绪脆弱,幼儿的社会性和语言能力会受到影响。

第二,恋母情结倾向不利于幼儿独立性的培养。幼儿园教师的特殊性,导致幼儿园女性教师居多,有恋母情结倾向的男童在幼儿园往往对幼儿园教师过分依赖,习惯于依赖成人使得幼儿一般比较胆怯,依赖性强,遇到问题不爱动脑筋,不会与同伴商量。因此,幼儿独立性较差,解决问题的能力也相对缺乏。

第三,幼儿的恋母情结倾向,还会影响到家庭生活。有恋母情结倾向的幼儿敏感而脆弱,羞怯胆小,表情动作有女性化的表现,离开母亲时情绪激动,难以控制。在家庭生活中,男童时刻想与母亲待在一起,会影响家庭成员的关系和家庭生活。

(二)恋母情结对青春期的影响

进入青春期后,男孩的身体开始发育,脑垂体前叶会分泌性激素,使生殖系统逐渐发育成熟。此时,青少年性心理的发展也进入了萌芽状态,开始意识到了男女的差异,并渴望接触异性,了解有关性的知识。恋母情结对青春期男孩带来非常不利的影响,具体表现为以下三方面。

(1)易形成恋物癖。具有恋母情结的男孩,在性格上比较内向、自卑和孤僻,不敢主动与异性交往。

但到了青春期往往又克制不住对异性神秘感的好奇,于是便通过偷取母亲的胸罩、内裤来满足自己内心的欲望,满足在心理上的种安全感,同时也想探索性的奥秘。

（2）易导致中老年女性的性侵。男孩进入青春期后,恋母情结的对象不再仅仅是自己的亲生母亲,也可以是母亲的替代者,可能是父母的朋友或老师、名人或当红的明星等。随着年龄的增长,恋母情结的对象可能年轻化,被同龄人所取代;也有不少男性青年喜欢追求年长于自己的女性,他们常常不知应如何跟女性保持适度的来往,容易给心怀不轨的中老年女性性侵自己的机会。

（3）恋母情结有可能导致青春期男孩的性自卑感。在性方面怀有自卑感的人,也有两种完全不同的极端表现:第一种表现就是不断地邀约女性,在半开玩笑的方式下,向对方吹嘘他自己的好色,同时故意表现自己如何喜好女色,乍看之下,俨如风月场中的老手;另外的一种表现就是对于女性表现极端的洁癖。有恋母情结的男孩在青春期也会表现出经常与父亲发生激烈的冲突。

（三）恋母情结对男性成年后婚恋的影响

有恋母情结的男性在个性上是非常不成熟的,往往表现为幼稚、依赖、孤僻、不合群,不会与同龄人交往,缺乏阳刚之气,不承担责任,缺乏自主意识,没有主见,缺乏进取精神。

有恋母情结的男性在恋爱时表现出难以形成稳定的恋爱关系。在恋爱中,要么循规蹈矩,按照母亲的标准去寻找恋爱对象;要么是"花花公子",因害怕承担责任而对任何女人都难以长情。

有恋母情结的男性在婚姻中与妻子和与其双亲相处过程中,其扭曲的思维和情绪以及行为会严重影响家庭的发展。有恋母情结的男性在和妻子的关系上往往不融洽,听到妻子说母亲的坏话,会达到无法忍受的程度,甚至自己也有种莫名其妙的罪恶感。为此,会常与妻子怄气,夫妻关系的裂痕会越来越大,导致婚姻不和谐,最后达到不可收拾的地步,无论是不和谐的家庭氛围还是父母离异,都会严重影响到下一代的成长。

三、　幼儿恋母情结倾向成因分析

前面提到了,每个孩子在早年都有一段很依赖母亲的时期,这是由幼儿的年龄特征决定的。而形成恋母情结的原因,更多的是成人对该问题的错误认识和处理不当导致的。

（一）母亲对儿子的过分依恋

母亲的错误观念。母亲不明确自己的责任,总认为孩子小,一切要包办代替,致使男孩子感到母亲是自己唯一的依靠。在这样的家庭中,不是孩子离不开母亲,而是母亲过度依恋孩子,过于恋母的孩子往往是由妈妈的"感情私有"造成的。有些妈妈希望孩子只爱她一个人、只对她一个人亲热,孩子越依恋她,她越高兴,不愿意看到孩子对别人有感情,认为这样会冲淡孩子对自己的感情。

不良的夫妻关系也可能使母亲将孩子当成感情的特殊寄托,当成宣泄温柔感情的特殊对象,正是在这种温存的依恋中潜伏着孩子的心理危机,容易导致孩子出现恋母情结倾向。

在有些家庭中,男孩子姐姐多,尤其是农村或山区,重男轻女思想严重,已经生了几个女儿,不生个儿子不罢休。来之不易的男孩让父母如获至宝,要求几个姐姐照顾得无微不至,"姐宝男"也可能演变成具有恋母情结倾向。

（二）单亲家庭易导致恋母情结倾向

据统计,带有恋母情结倾向的男童中单亲妈妈家庭比例很大,即单亲家庭的男童形成恋母情结倾向的比例更高一些,当然这和妈妈的行为习惯有直接关系。这些男孩子从小与母亲相依为命,妈妈的一言一行都让孩子看在眼里记在心里。妈妈自己为生活的付出让男孩子对母亲又感激又崇拜,母亲的情感也过度转移到儿子身上,不少男童长大后会一直生活在妈妈的影子里。

(三) 中国文化的影响

恋母情结的形成也会受到文化的影响。每个中国人都有对母亲的崇拜之情,延伸开去就有或多或少的恋母情结,正是由于这种对"女神"母亲的尊崇与服从心态,导致有些男性成年后严重的恋母情结。

四、 教师和家长面对幼儿恋母情结倾向的常见做法

当幼儿出现恋母情结倾向时,有不少家长和幼儿园教师的做法欠妥或是错误的。

(一) 幼儿家长的错误做法

有些幼儿家长无视幼儿的恋母情结倾向。有些男童亲近母亲,父母通常把这种情况看作是孩子小,长大自然会独立。甚至有些孩子六七岁晚上睡觉必须搂着母亲,或抚摸着母亲的乳房才能入睡,父亲独自一屋玩着手机也乐得清闲。家长的这种做法若不及时纠正,久而久之,男童容易形成恋母情结倾向。

(二) 幼儿园教师的不当做法

在男童表现出过度依恋母亲或对教师过度依恋时,部分幼儿园教师对幼儿训斥或嘲笑;甚至有些幼儿园教师对有恋母情结倾向的幼儿或家长表示出鄙视;也有些教师表现出束手无策,不能做到在家园合作中正确引导。这些现象都源于幼儿园教师在工作中对幼儿恋母情结倾向的不专业和对家园合作的不重视,也有悖于幼儿园教师的工作职责。

五、 家园合作视角下对幼儿恋母情结倾向的目标设定

第一,幼儿园教师和家长要尊重幼儿,正视幼儿恋母情结倾向,不得无视和歧视。

第二,幼儿园教师和家长要通力合作,帮助幼儿建立起安全、稳定的依恋关系。适当的依恋对幼儿各方面发展都有积极作用,幼儿通过安全、稳定的依恋关系获得积极的自我认定,并按照这种自我认定来塑造自己。

第三,有恋母情结倾向的幼儿,由于过于依附母亲,希望母亲对自己时时处处满意,从而导致抑制自己的要求和愿望,容易变得懦弱。这就需要在家园合作视角下重视幼儿独立性、勇敢、自信、自主意识的养成。

第四,在家园合作中引导幼儿获得正确的性别认知,促进幼儿性别角色社会化的顺利完成。

六、 家园合作中幼儿恋母情结倾向的矫正

在当前的教育中,学前儿童阶段的性别角色教育没有引起足够重视。根据有关调查,幼儿园男童恋母情结倾向比例逐年增加。有研究得出结论,在我国3岁到7岁的男孩子中,20%左右的城市男孩子有恋母情结倾向,其中3%较为严重。同年龄段的农村男孩子10%左右有恋母情结倾向,其中1%较为严重。一般男孩子在5岁到7岁左右有明显的恋母情结倾向。男孩子3岁之前恋母很正常,3岁以后出现对母亲的过度依赖就具有恋母情结倾向了,如果听之任之,10岁以后要改变则很难见效。幼儿园教师、

幼儿家长是儿童性别角色教育的主体,这就需要在家园合作中引导幼儿正确认识自己的性别。幼儿园教师要指导家长在家庭中具体从以下两方面着手。

(一) 家庭中的母亲要克服"恋子情结",这也包括家庭其他成员要帮助母亲

建议婴幼儿最晚两岁半断奶。有一些妈妈特别疼爱孩子,刻意延长母乳喂养时间,有些孩子母乳喂养到 3 岁甚至 4 岁多,极易导致男孩子产生恋母情结。

母亲要克服"过度恋子"的情结。男孩子与母亲同床睡觉,让不少的男孩子从小习惯于把母亲当成保护神,他们甚至要抚摸着母亲才能入睡。最好从孩子出生就由父亲、母亲同时陪伴孩子。母亲和父亲既已为人父母,就要充分担任起养护孩子的责任。尤其现代的年轻父亲或人到中年要了二胎的父亲们,不能因为工作压力或迷恋电子产品等,而把养护孩子的责任全部推给母亲。

分床制。在同一个房间,首先从 3~5 岁开始让孩子单独睡一张小床,可以从每周 1~2 次逐渐到 3~4 次,再到每天能独立睡自己的小床,逐渐实现分房间独立睡眠。家长要注意把孩子的小房间或小床布置得有儿童特色,要有他喜爱的东西、陪伴物,使之有安全感,喜爱自己的小天地。分床和分房初期父亲多陪儿子是非常有效的措施。

单亲母亲独自抚养男孩儿,在再组建家庭前,可邀请亲戚中如孩子舅舅、孩子的表哥等男性适当陪伴孩子;或向孩子所在学校班级教师说明情况,请求学习或活动时注意同性别分组。

(二) 幼儿园方面

多开设一些由父亲参加的亲子活动,使父亲主动与孩子多接触、交流,带领孩子参与一些对抗性和竞赛性的活动,让孩子感受到阳刚之气。

适当为幼儿创造多与同性伙伴游戏、交流、合作的机会。

幼儿园要注重培养幼儿的独立性和自信心的活动,也可以让幼儿自己的事情自己做,比一比谁自己吃饭吃得好,谁自己睡觉睡得好。尤其到了中班和大班,利用幼儿对升入大班或小学对新生活的向往提出独立生活内容及新的生活方式的要求。

与个别母亲和父亲沟通,提醒家长重视幼儿恋母情结的危害性。对出现恋母情结倾向的幼儿家长,幼儿园教师可以运用个别沟通的方式与家长进行交流,首先了解原因,然后进行有针对性的沟通。个别沟通时尽可能避开幼儿和其他家长,避免给幼儿家长造成心理压力。

开展系列家庭教育讲座,引导家长重视幼儿性别角色发展的重要性。幼儿园可以以年龄班为单位,也可以专门组织针对母亲、父亲或隔代抚养幼儿家长的老人进行专题讲座,引导家长重视幼儿性别角色发展的重要性。

学练 结合

一、名词解释

恋母情结　恋母情结倾向

二、简答

1. 幼儿恋母情结倾向的原因有哪些?

2. 幼儿时期的恋母情结倾向如果不能及时矫正,对幼儿成年后有哪些影响?

3. 在家园合作视角下对幼儿恋母情结倾向进行怎样的目标设定?

三、材料分析

3 岁半的——小朋友九月份入小班已经半个月了,可一一压根就不想待在幼儿园,刚走到教室门口,便抱住妈妈的大腿又哭又闹,死活不肯进去。如果妈妈能陪伴在旁,就不哭不闹,还能愉快地玩,但不时看看妈妈是否还在。假如发现妈妈不在了,便立即响雷般哭喊起来。如果此时妈妈立即出现,便会立即止住哭声,扑向妈妈怀中,破涕为笑。妈妈为了使一一尽快适应幼儿园的生活,后来就趁其不备偷跑回家,一一便一直哭喊着要妈妈,不吃早餐,更不与小朋友接触,老师跟她说话,她不但不理还用脚踢老师,甚至严重影响到班级的教学活动。在他心里,只有妈妈最好最亲。

据一一的妈妈反映:一一在家中也特别依赖妈妈,什么事都要妈妈,连玩耍、睡觉都要妈妈陪着,口渴喝水时只有妈妈给拿水杯才喝;妈妈离开她一会就又哭又闹;只有母亲在身旁,她才会感到安全。

请您站在幼儿园教师的角度,对一一的妈妈进行指导。

技能 训练

项目一
设计一份针对男童幼儿母亲的问卷,调查幼儿母亲对幼儿恋母情结倾向的认识和重视程度。

项目二
写一份针对男童父亲在预防幼儿恋母情结倾向中的作用的讲座稿。

推荐 阅读

[1] 叶雅平.心理学视域下的耶路撒冷[D].广西师范学院,2016.

[2] 陈达.恋母情结——以弗洛伊德的观点解读哈姆雷特[J].重庆工商大学学报(社科版),2006,23(3):114—116.

第二节　性别倒错倾向

目标导航

1. 分析幼儿性别倒错倾向形成的原因。
2. 重视幼儿性别倒错倾向的影响。
3. 正确进行幼儿性别倒错倾向矫正的目标设定。
4. 理解并掌握在家园合作中幼儿性别倒错倾向的矫正策略。
5. 运用所学知识分析并解决幼儿性别角色社会化过程中出现的相关问题。

情景 导入

中班4岁多的张木小朋友大眼睛、双眼皮、皮肤白皙,虽然是男孩子,但见到人就羞怯地笑,很是招人喜欢。但是老师却感觉到张木小朋友有性别倒错行为,在区域活动中总喜欢玩儿布娃娃,对班里女孩子的花裙子感兴趣,有一次午休后竟拿起临床的红红小朋友的裙子往自己身上穿。

基本 理论

一、 幼儿性别倒错倾向行为表述

性别分为生理性别(sex)和社会性别(gender)。生理性别反映了人的生物属性和自然属性,它与人的染色体、生产器官及荷尔蒙等相关,代表了男性与女性间生物学和解剖学上的差异;社会性别是由历史、社会、文化和政治赋予女性和男性的一套属性,是一个社会类别,这一类别与创造并维系男性与女性差异的一系列复杂社会过程相关,是在享有特权的男性等级制度中被构建并被制度化的社会实践体系。从性别上将人划归为男人和女人,是生物学的事实,也是一个社会现实。在20世纪70年代初期,社会学家提出了"社会性别"的概念。1896年,柏林精神病学家 Karl Westphal 最早提出性别倒错(Contrary Sexual Feeling)一词。根据 Westphal 的观点,男性性别倒错者(invert)表现出明显的柔性气质(effeminacy)并且对同性有性的欲望。同样的,女性性别倒错者的行为似男性(tomboy),对男性没有性的渴望而更喜欢其他女性。

幼儿时期的孩子年龄尚小,可塑性强,不能称作性别倒错行为,在持续有性别倒错现象时只能说是具有性别倒错倾向。幼儿性别倒错倾向具体表现为:不喜欢和同性小朋友在一起;对异性小朋友极感兴趣;持续性地向往异性的服饰、玩具;长期认同异性,比如小男孩经常告诉别人"我是女孩子";经常表现出异性的仪态、声调、姿势;有性别倒错倾向的幼儿在外界压力下仍无法克服,经常不被同伴接受;等等。

二、 幼儿性别倒错倾向行为的影响

幼儿时期是人生发展最迅速的时期,这个时期的儿童实现了从自然人到社会人的巨大转变,可以说幼儿阶段的发展对于人的一生的发展起到重要的奠基作用。性别倒错行为关系到一个人的交往、就业、婚恋等,幼儿时期的性别倒错如果不能引起重视和及时矫正,会对人的一生带来不利影响。

(一)性别倒错倾向对幼儿时期的影响

首先,性别倒错倾向会影响幼儿的人格发展。幼儿期形成的性别角色错位将影响幼儿心理健康,错位的角色行为会增加幼儿内心的矛盾和痛苦。

其次,性别倒错倾向可能会影响幼儿社会性的发展。有性别倒错倾向的幼儿往往会遭到同伴的排斥,其他幼儿家长也担心自己的孩子受到影响,会让自己的孩子远离有性别倒错倾向的幼儿,影响到其社会性的发展。

（二）性别倒错对青春期的影响

幼儿期对儿童进行恰当的性别角色教育是青春期性别角色教育的基础。青春早期是性别角色选择和准备的时期，青少年价值观的性别差异变得非常显著，其他与性别有关的行为和态度的分歧也在日益增长；青春中晚期的青少年则面临着性别角色选择、定位的困惑和焦虑，主要集中体现在两性交往问题及学习和扮演自己的性别角色问题。有研究指出，几乎所有要求变性手术的男性易性癖者，在幼年时期均出现过不同程度的女性行为；大约有 2/3 的男性同性恋者，其幼年就有女性行为；大约有一半的异装癖者幼年时就喜欢穿着女装。有些父母不能正确对待有性别倒错行为的青春期的子女，加对之其打骂可能会导致子女出走后走上犯罪的道路。可见，学前期对幼儿性别角色教育为青春期的性别角色选择和准备奠定了基础，也可以说很多人在青少年时期出现的性别认同障碍以及性别角色错位都是缘于幼儿时期不正确的性别角色教育。

（三）性别倒错对成年后的影响

1. 对就业的影响

成年时期的大多数性别倒错者就业于正常的各个行业中。在我国虽然性别倒错行为不违反法律，不受法律的约束和制裁，但是这种现象是受道德约束的。当今社会就业形势越来越严峻，这类群体又属于弱势群体，就业环境更加恶劣。性别倒错行为者工作领域包括各行各业，有"艺人"身份的"性别倒错"者就业于娱乐业，还有各种用以吸引消费者的服务行业的人员，这个群体虽然有可观的短期收入，但是收入具有很高的不稳定性。

2. 对婚恋的影响

一般性别倒错我们可以称为性变态，包括性心理方面的变态与性行为方面的异常。性别倒错虽然与生殖没有直接联系，也因其在寻求性满足的对象或满足性欲的方法上与众不同，并与社会风俗相违背而给家人或倒性别错者本身带来心理压力。

另一方面，性别倒错者往往在恋爱中更容易造成失恋或恋爱受挫，即使在婚后生活中，性别倒错一方由于在恋爱时期进行掩饰，婚后会令配偶觉得上当受骗，影响婚姻质量或导致婚姻失败。

3. 面临社会歧视与生存困境

中国自古对于性别倒错现象是极其排斥的，也是我们的传统社会礼俗与观念所不能容忍的。虽然当今社会人类对性别的选择有充分的自由，但是在现实中却是受到社会歧视的；性别倒错者个人本人也需要承受更多的来自社会和家庭的压力，这也给性别倒错者带来生存困境。

三、 幼儿性别倒错倾向行为成因分析

幼儿性别倒错倾向属于儿童性别角色教育的范畴。性别角色在《中国大百科全书·心理学卷》里定义为：社会规范和他人期望所要求于男女两性的行为模式。[①] 性别角色在现代社会可以理解为：个体在生物学特征基础上的社会化过程中，社会对两性行为方式和态度的影响而形成的性格、态度、价值取向和行为上的特征。不同的社会有不同的性别角色的模式。性别角色构成了人的社会化过程中一个十分重要并延续终身的过程，而性别角色发展需要从幼儿时期进行关注和教育。

孩子在两岁半左右，首先从家庭中了解有关男女性别的概念，排除极少数幼儿染色体异常或性激素导致的性别倒错，家庭是导致幼儿性别倒错倾向的主要影响因素。

---

① 朱智贤.中国大百科全书·心理学卷[M].北京：中国大百科全书出版社,1994.

(一) 父母错误的性别期望

儿童时期是性别角色形成的关键时期。幼儿本身思维处于低级发展阶段,缺少理智的判断能力,家庭是儿童初期成长的最主要环境,所以父母对孩子起着重要的影响,家庭的引导对他们起着决定性的作用。比如有些父母重男轻女,家中生了女儿,便将女孩子装扮成男孩样并过分鼓励她表现阳刚的一面;二胎政策放开后,有的家里第一胎是男孩,特别渴望女儿,二胎偏偏又是儿子,有的父母就把儿子扮成女孩模样,同时过分鼓励他表现温柔的一面。久而久之,就容易形成孩子的性别倒错倾向。

家长不应以自己的喜好为标准,违背自然规律地去抚养孩子。当我们为满足自己的心理需求刻意地塑造理想性别的孩子时,别忘了这可能是对孩子一生的伤害。[①]

(二) 不当的亲子关系

良好的亲子关系是幼儿建立正确性别角色的保障。幼儿从两岁左右就有了性别意识,良好的亲子关系应该是父母对每一个子女共同关心、共同照顾。如果一个家庭中父亲与女儿过于亲密,或母亲与儿子的关系过于密切,就会造成剥夺孩子与同性一方相处的机会,也容易导致孩子的性别倒错倾向。所以,无论是父亲还是母亲,在日常生活中夫妻无论是吵架还是怄气,都应注意保持正确的亲子关系。

(三) 单亲家庭或一方长期缺位导致家庭缺乏同性认同对象

儿童是通过父母来正确识别自己的性别的。然而,随着婚姻自由意识的深入和婚姻道德观念的淡薄,单亲家庭有增无减,为幼儿性别倒错行为埋下隐患;还有一些父亲或母亲一方早逝或因工作关系,父亲或母亲长期出差在外造成缺位现象,或称为隐形单亲家庭,都不利于幼儿性别角色发展。因为,在家庭中,父母亲为孩子提供了典型的男性信息和女性信息,男孩很自然地接受父亲的影响而认同父亲,女孩则会很自然地接受母亲的影响认同母亲。无论是单亲家庭,还是隐形单亲家庭,在母亲抚养儿子的家庭,男孩由于不能经常接触到父亲就会以母亲为认同对象,言行举止处处模仿,从而导致性别偏差;反之,如果家庭中缺乏女性形象,则女孩又易出现男性化的性别偏差。

(四) 长期的"父过强、母过弱"的家庭模式也可能导致幼儿出现性别倒错倾向

在我国落后地区的家庭中,男性的选择方向是成为强者,女性则是成为依赖性的弱者。在这样的家庭中,幼儿的父亲长期过于强势,母亲长期处于弱势,家庭中的男童可能随着年龄的增长出现性别倒错倾向,严重的可能出现人格分裂。在男童的心目中,母亲的善良是他学习的榜样,孩子会在潜意识中将母亲作为偶像,而母亲的软弱又会激发他要保护母亲的责任感。在某些特定情景下,男童会出现性别倒错倾向,在青春期或成年后会表现出性别倒错行为。

四、 教师和家长面对幼儿性别倒错倾向的常见做法

性别角色教育作为一项基础性教育,由于社会经济、思想观念不同,导致家长及教师忽视了该方面教育的重要性,使得当前学前儿童性别角色教育处于需进一步发展的阶段。[②]

当幼儿出现性别倒错倾向时,有不少家长和幼儿园教师的做法欠妥或是错误的。

---

① 陈福新. 不当性教育可致性别倒错[J]. 卫生与生活报,2009(9):1.
② 石贤磊. 学前儿童性别角色教育特点研究[J]. 教育理论与实践,2016,(20):23—25.

（一）幼儿家长的错误做法

有些幼儿家长无视幼幼的性别倒错倾向。幼儿时期的孩子会在感情上依恋父母或父母中的一方。其实，幼儿阶段的孩子与父母的亲近是在进行性别角色方面的认同，即孩子知道自己是男是女，也知道父母的性别，男孩应该亲近更有男性心理特征的爸爸，女孩应该亲近更有女性心理特征的妈妈。而有些男孩子亲近母亲，女儿亲近父亲，幼儿父母通常把这种情况看作是亲情问题，久而久之，便容易形成性别倒错倾向。

有些幼儿家长则相反，幼儿出现性别倒错倾向时视其如洪水猛兽，要么对孩子大呼小叫，不断训斥；要么严密监视，轻则骂，重则打。也有的家长干脆让孩子休学，带孩子去看心理医生。

（二）幼儿园教师的不当做法

虽然幼儿性别倒错倾向需要幼儿园教师与家长一起对幼儿进行矫正和指导，但是在现实中，部分幼儿园教师表现出对有性别倒错倾向的幼儿忽视、训斥或嘲笑，甚至有些幼儿园教师对具有性别倒错倾向幼儿的家长表示出鄙视；也有些教师表现出束手无策。这些现象源于幼儿园教师在工作中对幼儿性别倒相关知识的不专业，对家园合作不够重视。正是因为幼儿园教师对该问题行为认识得不专业，导致教师无力指导家长，无法进行有效的家园合作，或是缺乏家园合作，更无益于幼儿性别倒错倾向的矫正和管理。

五、 家园合作视角下对幼儿性别倒错倾向的目标设定

第一，幼儿园教师和幼儿家长引导幼儿进行性别认知。

对性别认定——儿童了解自己是女孩还是男孩，同时也知道别人的性别。认识性别稳定——儿童认识到一个人的性别不会改变。如知道现在自己是男孩，长大了就不能当妈妈，只能是一个男人。

性别的一致性——儿童一方面认识到性别不能随自己的意愿改变，另一方面也自愿接纳自己的性别使自己的行为表现与性别一致。在学前教育阶段，性别角色教育的主要内容就在于帮助儿童正确的"性自认"并形成初步正确的性别角色观。

第二，对有性别倒错倾向的幼儿，在家园合作视角下引导幼儿积极的自我调节，帮助幼儿回到正常的性别认同的轨道上，使孩子顺应性别角色顺利成长。

第三，幼儿阶段的性别教育不仅仅是让儿童获得正确的性别认知，更应该让其向着更加健康有利的方向发展。学前儿童性别角色教育最终的目的就是帮助幼儿养成健全的人格，促进幼儿性别角色社会化的顺利完成，为他们进入青春期后正确处理两性关系打下牢固的人格基础。

六、 家园合作中幼儿性别倒错倾向的矫正

在我们的教育中，性别角色教育并没有受到足够的关注，尤其是学前儿童阶段的性别角色教育没有引起重视。幼儿园教师、幼儿家长及大众传媒是儿童性别角色教育的主体。当幼儿出现性别倒错倾向时，大众传媒要发挥引导作用，但更需要在家园合作中引导幼儿逐渐形成着自己的性别角色观念，帮助儿童形成正确的性别角色观。

（一）幼儿园教师需要将幼儿性别角色教育落实到教育行为中

近年来的研究发现，幼儿园教师教育观念理论与教育行为之间存在很大差距，集中表现为教师的教

育理念游离于教育观念之外。幼儿园教师观念与教育行为出现不一致的主要原因之一是幼儿园教师缺乏对工作有效的反思。由于日常工作的繁重，幼儿园教师大多只关心自己的教育工作是否顺利进行，上课材料是否充足，有没有幼儿出意外，有没有完成自己的工作。① 幼儿园教师对园所要求的反思更多地流于形式，不能从幼儿成长发展的需要进行深刻反思，导致在保教活动中重复或选择方便自己工作的内容。所以，幼儿园教师不仅要在教育观念、教育理论上懂得幼儿性别角色教育的重要性，更要落实在保教活动中，同时在有效的家园合作中对幼儿性别倒错行为进行矫正和管理。这也需要幼儿园管理者和一线教师认真思考幼儿性别角色教育的重要性及对终身的影响，着眼于幼儿未来的发展，真正对幼儿性别角色教育重视起来，落实到教育行为中去，落实到家园合作中去。

（二）在家园合作中矫正幼儿的性别倒错倾向

1. 个别沟通，提醒家长在幼儿性别角色发展中的作用

对出现性别倒错倾向幼儿的家长，幼儿园教师可以运用个别沟通的方式与家长进行交流，了解幼儿出现性别倒错倾向的原因，进行有针对性的沟通。个别沟通时尽可能避开幼儿和其他家长，避免给幼儿家长造成心理压力。

教师要提醒家长：家庭和父母是一个人获得性别角色观念的第一条途径，作为父母，给孩子起名、穿着打扮、做发式、购买玩具等要做到男女有别。另外，做父母的应该明确地告诉孩子，生殖器官和眼睛、鼻子、心脏一样都是人体不可缺少的器官，男孩和女孩在生理结构上是不一样的。孩子天真无邪，较早地让他们知道一些性别知识，要比等他们懂得了害羞、懂得了成人的忌讳之后才去自己琢磨或通过错误途径了解好得多。

沟通中要对家长强调幼儿性别角色发展的三个要点：

第一，让孩子形成正确的性别认同。父母是一个绝好的性别角色榜样，家长应该理智地摒弃"重男轻女"或"重女轻男"的想法，不要根据自己的好恶，随意改变孩子的装扮和个性，甚至把孩子当作异性来养育。要根据孩子的性别，坦诚地用浅显、简单明确的语言告诉孩子有关男女的区别，并鼓励孩子的同性行为表现。注意孩子的年龄和经历不同，教育内容在深度、广度上要有所区别。

第二，培养孩子的性别辨认意识。孩子2岁半左右开始知道自己是男孩还是女孩，但这时孩子还不理解性别标志着某一大群人都具有的相同的特性，也不知道对性别的辨别是终生不变的，他们只知道性别是和名字一样的东西属于自己。3岁以后，对别人的性别辨别则通过一些外在的特征，如头发的长短、衣服的颜色等，而生理上的性别以从妈妈身上认识女性角色，从爸爸身上认识男性角色，从父母身上发展对异性的信任。因此，教师要指导爸爸妈妈一定要注意自己身上的性别特征，甚至是性格特征，这对孩子的影响是终生的。幼儿五六岁的时候，父母还要注意为孩子提供尽可能完美的双性别环境和双性别影响力。教师要特别提醒父母双方绝不能在孩子面前进行性别角色优劣的比较，更不要寄希望于自己能完全替代对方给孩子性别影响和教育。父对子、母对女的教育都要付出较多的时间，提供让孩子模仿正确角色的机会。假如因为某种原因父亲或母亲无法经常陪伴在孩子身边，则应从亲友中寻找一位替代的认同对象，与孩子建立联系。有性别倒错倾向的孩子与同性在一起时可能会有排斥的现象，但无论如何都要坚持下去，以便让孩子形成正确的性别认同。

第三，强化孩子正确的性别区分行为。大约到3岁时，儿童的性别角色基本形成，在有些幼儿身上不定时出现幼儿性别倒错倾向时，成人要给予密切关注，一旦孩子表出符合其性别的行为时，成人应及时给予表扬，鼓励他再度出现类似的行为。对于过分担心幼儿性别倒错行为的家长，教师要告知家长父

---

① 郝案利.幼儿教师教育观念与教育行为关系之个案研究[D].西南大学,2011年.

母只要了解一些关于性别教育的科学方法,在家园合作下,就可以很快纠正孩子的性别认同问题,因为这个年龄段的孩子对性别认同刚刚萌芽,比较容易纠正。对无视幼儿性别倒错行为的家长,教师要重点提醒对未来的影响,在学前阶段不正确的性别教育甚至是导致成年时期各种性问题和心理问题的根源,婴幼儿时期种下的倒错的性心理定势和错误的性别观念有可能毁掉一个人此后一生的正常生活,以引起家长足够的重视。

2. 开展系列家庭教育讲座,引导家长重视幼儿性别角色发展

家庭作为早期性别角色意识形成的重要载体,父母对学前儿童性别角色的形成产生的影响十分深远。因此,幼儿园可以以年龄班为单位进行专题讲座,引导家长重视幼儿性别角色发展的重要性。讲座中要明确告知家长要重视对儿童的性别角色教育,通过日常生活的引导和渗透,给予儿童一个宏观的认知,并在此基础上,帮助儿童对性别形成正确的认识。

有针对性地开展父亲在幼儿性别社会化中的重要作用的专题讲座。父亲在幼儿性别社会化中显得尤为重要,在家庭生活和幼儿的交往中,要多重视和发挥父亲在幼儿性别形成中的作用。鼓励父亲多参与幼儿的教养和游戏,对幼儿的培养更多地考虑幼儿的性格、特长和兴趣爱好,而不是简单地根据幼儿的性别来对幼儿的发展做出限制与规定。有研究者发现幼儿园班级里有些男孩会出现过于喜欢撒娇、脆弱,而在这些家庭中,通常父亲这一教养角色缺失,大部分时间都是母亲或其他女性长辈在带孩子。而在游戏活动中,父亲对于幼儿,不仅能起到一个成人榜样的作用,而且能影响着幼儿游戏和活动方式的选择,相比起女性长辈,他们倾向于鼓励幼儿的独立自主、探索创造的行为,帮助幼儿在掌握技巧的同时获取经验。通过父亲与幼儿在游戏中的互动,让男孩子慢慢形成了阳刚之气,也让女孩子逐步摆脱了只能进行安静游戏的传统束缚,使她们在温顺的性格中增添了开朗、果敢、自信等优良品质。

3. 开展常态化亲子活动,发现问题,引领亲子关系朝着健康的方向发展

亲子活动是以密切亲子关系帮助家长树立正确育儿观念、提高家长育儿能力的重要途径,有助于增进师幼关系、家园合作关系,促进幼儿身心和谐健康发展、促进家园共育、提高教育效益、形成最大教育合力。人的成长具有阶段性,又有内在的联系性,亲子活动的开展亦是如此。无论是幼儿各方面的发展还是家长育儿观念的改变和育儿能力的提高,都要求幼儿园亲子活动注意它的坚持性和连贯性,做到亲子活动的常态化。有些幼儿园虽然在教育机构做亲子活动,但大都停留在浅层次分析开展亲子活动的重要性上;活动形式也大多流于形式,集中在"三八妇女节""六一儿童节"搞一台演出或在仅有的几个节日组织幼儿和家长活动,大多是从活动表现形式来开展,缺乏幼儿园发挥主体作用且提高家长育儿能力的活动;缺乏常态化、规范化、科学化的幼儿园亲子活动。

在各种不健康的亲子关系中,不少家庭出现亲子关系凌驾于婚姻关系之上的情况,尤其是幼儿父亲一方,必须引起重视。幼儿园可以请婚姻专家或幼儿园教师以各种形式引导幼儿父亲认识到:健康的家庭,充盈着爱,也懂得分离。心理学家认为,夫妻关系是"家庭的定海神针",在有公婆、夫妻和孩子的"三世同堂"的家庭中,如果夫妻关系是家庭核心,拥有第一发言权,那么这个家庭就会稳如磐石,温馨和谐,有助于幼儿各方面健康发展。而当一个家庭中过分重视亲子关系或将其他关系凌驾于婚姻关系之上时,这个家庭一定是纷争不断的,孩子在不和谐的家庭中不知所措,就会影响到孩子性别角色发展。

每次亲子活动结束后,幼儿园教师要及时做好家长反馈记录,认真总结。家长通过活动肯定有一些心得体会,幼儿园教师可以这种形式让家长反馈上来,或说说自己的收获,或提出活动的建议,或说说发现的问题。幼儿园再帮着家长一起总结,梳理经验,对于好的建议要吸纳,并在下一次的活动中加以改进,切实促进幼儿性别角色发展。

4. 诚邀家长参与幼儿园的游戏活动和环境创设,齐心协力矫正幼儿性别倒错倾向

在幼儿园教育过程中,教师可以邀请家长参与开展角色游戏,这也是开展性别角色教育的有效方

式。比如在游戏活动的安排上应尽量使游戏的内容和形式更加全面,在玩"过家家"的游戏中,妈妈要每天上班,爸爸也可以做家务;还有女司机开车,男教师上课等。在技能技巧课上,如制作精细工艺品、缝扣子等活动,也要鼓励男孩子参加,以培养他们的耐性和韧性。在体育活动课上选择的内容要具有刺激、惊险、富有挑战性,一些具有"危险性"的活动,只要不伤害身体,就可以鼓励女孩子尝试参加。教师只要注意及时强化与表扬,就可以使女孩子意志力增强。此外,运动时间要稍微长一些,运动密度要大一些。在游戏中需要注意以下方面:第一,尽可能丰富游戏内容和材料,更关注幼儿在游戏过程中的体验。在表演游戏中,不论男孩女孩,教师都应该给以每个幼儿充分参与的机会。第二,树立男女平等观念,对不同性别幼儿采用相同的奖惩制度和一致的评价标准。教师在对幼儿进行奖励或惩罚时,应根据幼儿的心理和教育规律来教育和引导他们,而不是因为他或她是一个男孩或女孩就给予不同的对待。

　　幼儿是在与环境的交互作用中得以发展的,环境尤其是幼儿园的物质环境对幼儿的发展起着潜移默化的作用。可以说环境教育是幼儿园整体教育的有机组成部分,是实现教育目标的重要途径。幼儿园物质环境的创设也要关注性别因素,同时邀请部分家长参与进来。幼儿园的物质环境包括建筑设计、室内设备的布置和室外设备的布置等方面。在幼儿园物质环境的创设中需要重视美观、实用、安全等方面,也要重视环境创设中的性别文化因素,为幼儿提供一个良好的发展空间。第一,重视幼儿户外活动场地的建设。在户外活动中,应在幼儿园能力范围内多建设一些供幼儿攀爬的大型器械和适合幼儿游戏的场所。第二,提供给幼儿一个可操作性的环境。幼儿园应努力提供给幼儿一个可操作性的环境,让幼儿提高动手操作能力,有助于幼儿积极探索和开发想象力。比如,投放操作性强的玩教具,充分挖掘玩沙、玩水区的教育价值。无论男孩女孩,都应多鼓励幼儿到玩沙、玩水区活动。第三,重视幼儿园的室内环境布置。从室内环境的布置来看,幼儿园室内的墙面装饰主要以剪贴、壁画或者幼儿的作品为主。幼儿园的室内环境布置要新奇、有趣,充分利用废旧物品。

　　5. 精心打造家长开放日中的教学展示

　　虽然幼儿所需掌握的知识和能力并不复杂,也并不高深,但是很多家长在引导孩子发展的过程中只会采取解释和灌输的方式,导致孩子理解出现偏差或兴趣不浓,学习效果不好。幼儿园教师的专业性既体现在教育目标的精准设计上,也体现在教育方法的游戏性、丰富性、灵活性,同时在教育内容的选择上也更科学有效,适合幼儿的年龄特点。因此,教师可以针对幼儿性别角色发展内容精心准备家长开放日的教学展示,在展示中引导幼儿性别角色发展,展现教师的教育风采,取得家长信任,提高家长的教育水平和能力。

　　大众传媒对学前儿童性别角色的形成也产生着重要影响。在以后的媒体宣传中,既要对男女角色进行描述,也要宣传性别平等的价值观,为学前儿童性别角色发展进行积极的引导。

学练 结合

一、 名词解释

　　性别倒错　性别角色

二、 简答

　　1. 幼儿性别倒错倾向形成的原因有哪些?

2. 幼儿时期的性别倒错倾向如果不能及时矫正,对幼儿青春期和成年后有哪些影响?

3. 在家园合作视角下应对幼儿性别倒错倾向进行怎样的目标设定?

三、材料分析

一位 5 岁幼儿的父亲担心自己的女儿有性别倒错倾向,找到专家咨询:他的女儿非常活泼,喜欢运动量大的活动,而且平时爱和男孩子玩,玩男孩子喜欢玩的汽车、枪等。女儿的老师也向这位父亲说他的女儿很淘气,午睡不老实,总是很兴奋地和其他小朋友打闹。老师给家长说得最多的是:"一个女孩子,天天这么疯,没有女孩子的文静劲儿。"这位父亲疑惑地问:自己的女儿是不是有性别倒错倾向?家长该不该对她着重培养一下女孩应具备的特有性格?

对这位父亲的疑惑你怎么看?

技能 训练

项目一

设计一份针对幼儿性别角色教育的亲子活动方案。

项目二

设计一份问卷,调查幼儿园教师对幼儿性别倒错倾向的重视程度。

项目三

请班级里的同学扮演一场"父母—教师会议",讨论制定针对有性别倒错倾向幼儿的矫正策略。

推荐 阅读

[1] 颜士梅. 企业人力资源开发中的性别歧视问题研究[M]. 北京:科学出版社,2009.

[2] 王晶. 实施学前儿童性别角色教育的建议[J]. 文学教育(下),2012(10):76—77.

图书在版编目(CIP)数据

幼儿常见问题行为与矫正/史爱芬主编. —上海:复旦大学出版社,2019.1(2023.4 重印)
普通高等学校学前教育专业系列教材
ISBN 978-7-309-13996-9

Ⅰ.①幼…　Ⅱ.①史…　Ⅲ.①学前儿童-不良行为-行为治疗-幼儿师范学校-教材
Ⅳ.①G61

中国版本图书馆 CIP 数据核字(2018)第 240428 号

幼儿常见问题行为与矫正
史爱芬　主编
责任编辑/赵连光

复旦大学出版社有限公司出版发行
上海市国权路 579 号　邮编:200433
网址:fupnet@ fudanpress.com　http://www.fudanpress.com
门市零售:86-21-65102580　团体订购:86-21-65104505
出版部电话:86-21-65642845
常熟市华顺印刷有限公司

开本 890×1240　1/16　印张 9　字数 240 千
2019 年 1 月第 1 版
2023 年 4 月第 1 版第 6 次印刷

ISBN 978-7-309-13996-9/G·1914
定价:35.00 元